打破自我評價過低與焦慮的迴圈，
偶爾也允許自己優雅地落敗

# 鬆綁你的完美主義

杏語心靈診所院長
陳俊欽——著

contents

## Chapter 2
# 完美主義是怎麼產生的？

## Chapter 3

# 如何與你的完美主義和平共存？

# Chapter 5
# 協助親友走過完美主義

Prologue

# 故事的開始

「我一直擔心自己表現不好，能力還不夠，為了把交辦的事情做到最好，我會一遍又一遍檢查，明知道已經沒問題了，還是會繼續反覆確認……」

「醫生，這是我這個禮拜第三次做同一個夢了。」一位約莫三十多歲的年輕女性講述著最近的困擾。她身穿白襯衫、藍長褲，外加一件淺棕色的西裝外套。畫了淡妝的臉龐上眉頭深鎖。「我夢見自己在考試，鐘聲就快要響起，我拚命地寫，題目卻怎麼也看不懂，底下全是空白。又或者因爲寫錯字，想拿立可帶，筆袋卻打不開，我用力扯拉鍊，突然間，筆袋裂開，東西掉滿地，我才醒了過來——」

「這是考試情境的焦慮，表示妳至少在人生的某個階段很在意成績所帶來的肯定。只不過事隔多年，再度被某事件激發了。」我想了想。「醒來後，還有辦法再入睡嗎？」

「可以，」女子側著頭，思考了一下。「不過前天醒來時，頭很昏，一時之間也睡不著，我看著窗外，發現天還是黑的，除了老公規律的鼾聲，好像世界全都安靜了下來，我突然有種被拋下的感覺，一想到白天的工作，越想就越焦躁，繼續躺也不是，起來也不是，心情糟透了。」

「這心情會延續到白天嗎？」

「撐到天亮上班後就沒事了。」

睡眠障礙包含三種。其中，接近天亮才引起的遲發性失眠（late night insomnia）是重度憂鬱症的徵兆，通常個案會敘述自己比平常早兩個小時以上清醒，醒來的時候心情特別差，不知道要怎麼面對接下來的一天，這種低落情緒白天後會開始減緩，到了晚上才改善（diurnal variation），這類型的憂鬱症個案基於人格特質等因素，特別容易被忽略。

不過，女子的穿著打扮尚稱得體，對話也流利自如，應該還不至於到疾病程度。基於職責，我還是篩檢了一遍憂鬱的症狀。狀況還好。看起來應該是捕捉到一個長期焦慮後，正要轉變爲憂鬱的早期個案。

「夢境是潛意識給妳的警訊，告訴妳目前的壓力值已經到達臨界點。妳長期處於焦慮狀態，就像一顆燈泡持續燃燒自己，幾乎快要燒壞了，只要偶爾接觸不良，就會陷入那無法再度入眠的早晨，感覺被世界拋下，空虛寂寞煩燥，但因爲還沒完全燒壞，還是能慢慢回復正常，一旦完全燒壞，就眞的會跌落憂鬱的深淵了。」

「爲什麼會這樣？我不覺得我焦慮啊？」

我笑了笑，回應她：「妳觀察看看自己的坐姿。」

女子愣了一下。

「妳背後是一條長沙發，妳大可坐好坐滿，甚至往後靠，但妳只坐了三分之一，身體往前，宛若隨時要起身，甚至妳還轉過來對著我，這充分顯露了妳重視與妳對談者的感受，但代價是重心全壓在左側臀部與腿上，上半身也是向右傾斜的。」

女子思索了一段時間。「你說的話好像有道理。我經常肌肉痠痛、頭痛或肩頸痠痛，怎麼辦？這是焦慮的反應嗎？」

「是長期焦慮下的結果，除了不感覺到焦慮，也不會注意到自己姿勢扭曲。不過，剛剛妳說過，這份工作已經待了三年多，如果這是工作習慣，倒也很難解釋妳最近加劇的徵狀。」我說。

「會不會是跟幾個月前我升遷有關？」

「有可能。但升遷為什麼讓妳這麼焦慮？」

女子沉吟許久。「我一直擔心自己表現不好，現在被升起來當組長，還要帶組員，我覺得自己能力還不夠，實際上也管不動，感覺有點沮喪。」

「妳覺得自己憑藉什麼升遷的？」

「我會把交辦的事情做到最好，讓上司挑不出毛病，帶過我的人通常都很欣賞我。」

「妳怎麼把事情做好的？」

「我會一遍又一遍檢查，明知道已經沒問題了，還是會持續反覆確認，有時候會把自己弄得很累，同事都說我有完美主義——你說得對，我從以前壓力應該就很大。」

「現在呢？」

女子嘆了一口氣。「看著組員在做事，有些時候會恨不得把事情搶過來自己做。他們不僅愛做不做的，連最基本的動作也會出錯，我光是訂正就忙不完，又不敢責備他們，怕傷了和氣。想到就有氣。」

「我先生也是一樣，」女子話鋒一轉。「滿腦袋都是稀奇古怪的主意，一下子想做這個，一下子想做那個，總把每件事情想得很簡單、很美好，還要我辭職跟著他去闖。我照實說出我的感覺，他就說我潑他冷水；順他的意，叫他先辭了工作，做出點成績再說，他又不敢。」女子越說越火大。「他在外面就靠那張嘴，不管遇到什麼事，都只會講沒問題，攬了一堆事情回來之後，就丟著不管，問他還會被兇，說什麼現在心情不美麗，不是做事的最佳時機，總是要拖到死線，才會連續熬夜把工作趕出來，常常需要我在後面收拾爛攤子。」

女子打開話匣子，抱怨了一大堆，看來不只工作，家庭生活也大有問題。我本來只是靜靜地聽著，直到女子猛然停下，對我說：「不好意思，跟你抱怨一大堆。」

「沒關係。妳壓力太大了，蠟燭兩頭燒，我也是刻意讓妳多說一些的——要不要再看一下現在妳的坐姿？」

女子正靠著椅背，仰躺著，雙手枕著頭。聽聞我的話，才猛然抬起頭。

「眞的耶，跟剛剛完全不一樣。原本僵硬的感覺放鬆了許多。」

「記住這個感覺。完美主義並非壞事，但不要讓它拖垮妳的身體。」

「醫生，有人說我完美主義到生病了。這是眞的嗎？」

「完美主義其實是一種很複雜的現象，不能這麼簡單地歸類成『有沒有生病』。我們都以爲小心翼翼、反覆檢查、要求嚴格就是完美主義，事實上，愛講大話、信口開河、臨陣脫逃，也是另一種非典型、潛在的完美主義。說來妳或許不信，但妳先生可能也是個完美主義者。」

「他也是？」女子驚呼，露出不敢置信的神情，良久，她才問：「那到底什麼是完美主義？」

Chapter 1

# 何謂完美主義？

當一個人的「自我評價」與「自我期待」脫鉤，他就必須使用各種方式去控制焦慮，呈現出來的，就是形形色色、不同的完美主義行為。

在大多數人的習慣用語中，完美主義通常在描述一種「吹毛求疵」、「過度要求細節」、「不能容忍差錯」或「願意爲了追求想像中的完美而付出大量的時間與精力去修正」的行爲特質。

由於完美主義不是一種疾病，沒有醫學上的診斷要件，我們不妨透過維基百科來獲得一個較爲完整的圖像——

完美主義（perfectionism）是指一種不斷追求精準且完美的性格，伴隨著自我否定和對他人評價的關注。它有著積極與消極的面向。病態的完美主義使人追求過高且無法實現的目標，並在失敗時帶來極大的痛苦，導致多種形式的適應問題；而正常的完美主義能帶給人們追求目標的動力，同時給他們帶來樂趣。

這段敘述作爲定義還不夠嚴謹，但已經明確指出完美主義最核心的本質：**「追求精準且完美」**與**「伴隨著自我否定與對他人評價的關注」**——這是什麼意思呢？

正常狀態下，一個健康的個體，「自我期待」跟「自我評價」是互相連動的。舉例來說，倘若我認爲自己的運動神經過人，在體能的培養上一向優於常人，那麼，當我學習游泳一段時間，在沒有太怠惰的情況下，懷抱著參加比賽拿獎牌的期待，應該是合情合理的；反之，如果我覺得自己生來反應比較慢，動作不協調，從小學體育課起就常常是大家嘲笑的對象，那我相較之下，不太可能去參加籃球校隊，更不會懷著日後成爲運動明星的夢想。

我們會不斷對自己的能耐做出評估，產生所謂的「自我評價」，形成適當的期待。

如同前述所說，「自我評價」與「自我期待」是緊密連動的。倘若我們覺察到自己在從事一件不擅長的事，就會把期待降低一點；假使發現自己做起來得心應手，就會把期待拉高一些。將兩者緊緊地綁在一起的，就是所謂的「現實感」。

如果基於某種原因，兩者任何一方出了問題，例如：「自我評價」故障，你的運動細胞發達，卻深信自己很平庸；或者「自我期待」有誤，實際是一百公尺跑二十一秒，你卻認為自己生來就是個運動明星——那會怎麼樣呢？

結果就會引發焦慮。兩者脫鉤的程度越大，差距越遠，焦慮也就越強烈。強烈的情緒會激發一連串的調適策略，例如：瘋狂練習、不敢面對現實、不斷轉換跑道等等**來消除「自我評價」與「自我期待」之間的矛盾**。造成的結果，就是所謂的完美主義。

## 【早期經驗對於「自我期待」影響深遠】

生命早期的經驗，影響我們成長後的「自我期待」至深且遠。和大家分享一個可能曾經發生在你我或周遭親友身上的故事。

從小目睹父母不和、經常吵架的小孩，在國小二年級的一次月考，意外拿到全校第一名，當時的傑出表現讓父母停下爭吵，露出了寬慰的笑容。從此，她決定拚命念書，因為這是小小年紀的她，唯一能讓家庭暫時恢復和樂的辦法。她不只在課業上力求表現，在校內演講、美術比賽等各式各樣的競賽，都會努力設法拿到冠軍。遺憾的是，失控的父母有時還是會把怒氣發洩到她身上，說她遺傳到對方，生來一副討人厭的模樣。

多年過去，父母年紀都大了，也不再爭吵，而成年的她，也漸漸遺忘了小時候的事，變成一位優秀的職場女性。然而，她卻深受完美主義所苦，總是要把任何事都做到最好，沒有辦法停下來，每一份報告總是反覆修改，所有細節都要做到最完美才行。直到她求助於心理諮商，才發現上述隱藏在她生命早期裡的祕密。

## 追求完美的背後

這位年輕女性的「自我期待」出現了障礙，問題可以追溯到兒時對父母衝突的深層恐懼。當時還是小女生的她根本不知道父母在吵些什麼，她只知道「提高表現」與「父母停止吵架」有因果關係，就像實驗室中那隻按了槓桿就會掉出食物的白老鼠，將會持續按著槓桿——即便機器後來都不再掉出食物也一樣。

而她的「自我評價」也同樣受到了傷害。儘管已經做出最大的努力，但因吵架而盛怒的父母，照樣會把她連同對方一起責罵，這種批判的力量已經內化到她心底，成為強烈的自我貶抑——女子就像受驚嚇的小動物，成功經驗並連結了大量的否定，看似越順利，越是恐懼；不知道漫天蓋地的批評會在何時何地冒出來。她只能不斷懷疑自我，相信自己一無是處，以免得意忘形時，冷不防一個暗箭射出，讓她傷得更重更深，就像小時候看似平靜的家，隨時會引來一陣飆罵。

此時，「過低的自我評價」與「過高的自我期待」，就變成了她最大的焦慮源，她只能不斷努力、反覆檢查、專注於細節、力求完美，來對抗內心的焦慮——於是變成了世俗眼光中的完美主義。

## 典型vs.隱性完美主義

每個人基於人格特質，面對壓力的反應也不同，如果她採用的調適策略是：自命不凡、不屑於眼前的事務，輕言承攬過多的責任，屆時又撒手不管，或者快速轉移陣地，另起爐灶，始終不願意面對現實、活在自己的世界裡，既自大又自卑，這時，她就會變成另一種非典型的「隱性」完美主義（後面會再詳述）。

## 完美主義的本質

造成「自我評價」與「自我期待」失去連動的可能性有很多種，從原生家庭創傷、同儕排斥、學習挫折、社經條件過低或過高、被給予的資源過少或過多等等，原因不計可數。我們會在第二章進一步討論「完美主義的成因」，現階段，我們只要知道：不管原因為何，**只要一個人的「自我評價」與「自我期待」脫鉤，他就必須使用各種方式去控制焦慮**，呈現出來的，就是形形色色不同的完美主義行為。

## 過低的「自我評價」

每一位完美主義者眼中的自己，都是不夠完美的。因爲他對自我的評價產生了扭曲，透過這副扭曲的眼鏡看自己，永遠看不見優點，找不到價值，他對於自身的成功，也總是習慣「**外部歸因**」，亦即把所有成功歸因於跟自己無關的外部事物，例如：運氣、僥倖、別人的幫忙、大家不忍嫌棄、朋友們的耐心包容等等。

然而，由於外部因素並非掌握在自己手裡，所以完美主義者在一切底定以前，總是沒有辦法眞正放下心來。他們充其量可以達到理性上的「認知」，知道自己已經表現很好，在感性上卻始終存在著疑慮，擔心有些什麼問題還沒被發現，或是將來會遭到別人的否定甚至嘲笑。

## 過高的「自我期待」

有些時候，完美主義者的自我評價並不差，但對自己的期待卻太高了，一旦某項成就被達成，立刻就把標準再往上提升，讓自己永遠沒有停下來休息的一刻。

這種過高的自我期待背後往往隱藏著某些恐懼，例如：因爲自滿而失敗、害怕被人追趕上、懷疑眼前的成就只是在自我欺騙等等。如果深究其形成的原因，往往會找到一些內化的外部動機，如前述舉例的女孩在童年時期爲了家庭和樂而力求表現。

值得一提的是，不一定在面對資源匱乏，或是安全感被剝奪的童年經驗（原生家庭障礙、霸凌事件等）的人們身上才會出現過高的自我期待，即使原生家庭資源豐沛、與同儕關係良好，他們身上照樣也會出現相同的問題，而且隨著社會經濟進步發展，比例有越來越高的趨勢。這一部分，由於涉及較複雜的心理歷程，在後續的章節中，也會有更爲詳細的說明。

## 焦慮與調適策略

當「自我評價過低」、「自我期待過高」，或兩者無法彼此連動協調，焦慮就產生了。根據心理學大師佛洛伊德在精神動力學提出的看法，焦慮是一種警訊，它表示來自內心的衝突已經無法透過潛意識的心理防衛機轉來加以消除了，必須進入意識層，形成所謂的焦慮，督促著自我（Ego）必須立刻做些什麼改變，也就是所謂的「調適策略」，以緩和內心衝突對我們的傷害。

你可以把「調適策略」當成一種控制焦慮的工具，而世界上的工具有成千萬種。常見的調適策略包括以下：

- 反覆檢查修正。
- 討好與尋求認同。
- 畫更大的大餅。

・拖延。
・轉移陣地。
・直接情緒宣洩。

平時我們最常看到的完美主義行爲應當屬於「反覆檢查修正」，其次是「拖延」，這構成了我們對完美主義的典型印象；其他的面向，則屬於隱性的完美主義，較少被人所注意，但實際上，出現的機率遠比一般人想像得還高。

在此必須強調的是：調適策略只是自我控制焦慮的工具，並無好壞之分。「反覆檢查與修正」固然會讓自己更加疲累，卻也會降低錯誤發生的機率；「拖延」可能會耽誤工作的進度，但也能等待情境改變，更加縝密地思考輕重緩急；甚至連「直接宣洩情緒」都有可能透過團體動力的改變，而中止一場原本正在發生中的職場霸凌。因此，在不同的社會情境選用適當的調適策略，將大幅度影響紓壓效率與社會觀感，這取決於當事人的經驗、智慧與人格特質——而調適策略本身則是中性的。

## 【檢視你的完美主義行為】

透過完美主義的本質，應該能進一步分析完美主義者的特徵。

然而，偏偏完美主義很難用「特徵」來形容。由於完美主義是一種內心狀態，人們爲了對抗焦慮，各展神通，因而採取不同的工具（調適策略）去面對。工具不同，表現結果也就各異，差異之大，幾乎難以讓人聯想在一起。舉個例子：

曉華對於工作經常拚盡全力，沒做到滿意絕不罷休，即便完成了，照樣改了又改，修了又修，反覆檢查幾十遍；昭明可能一想到報告要交件就心煩，不斷拖延，直到最後一刻，才連續幾天不睡覺地匆忙把報告趕完；志文則是一派輕鬆，嘲諷工作太簡單，認為自己這麼優秀的人，不該浪費時間精力在這種瑣碎的「小事」上。

曉華採取的調適策略是：「不管自我期待有多高，我就是靠加倍努力來做到」。昭明的策略是：「反正再怎麼努力，我都不會滿意，不如拖到最後一刻趕工，讓自己沒時間想太多」。志文更乾脆，他直接貶低眼前的工作，以抬高自己的格調，他因為「不屑」而沒做，當然也就沒有做得好不好的問題了。

大家應該不難發現，同樣是完美主義，前述情境卻有三種矛盾的特徵：極度努力、無法休息；能拖就拖，應付了事；只會批評，就是不動手。

因此，爲了更深入掌握完美主義，我們引入「動態歷程」這個概念來強調：人是活的，面對問題時，每個人會依照自己的性格，建立出獨特的應對方式。同樣地，完美主義在相異的人身上，也會呈現爲多種截然不同的樣態。

基本上，所有的完美主義歷程，都要經過下列三部曲：

- 人們採用了不同的「調適策略」，形成各式各樣的完美主義行為。
- 因「自我評價」與「自我期待」的失調而產生大量焦慮。
- 「有條件的成就情境」出現。

## 「有條件的成就情境」出現

所謂「有條件的成就情境」，指的是在有附帶條件之下，而能獲得成就的情境。簡單來講，就是一個「機會」——**你若能達成一定的條件，就有可能獲得某些好處**；然而，如果你沒滿足該條件，機會之門就會關上，你將一無所獲。

「有條件的成就情境」普遍存在於我們的生活之中，從求學、就業、組織家庭，處處都是帶有條件的成就情境。例如：成績夠好，才考得上好學校；績效與人際關係夠好，才有升遷的機會；做好一個稱職的父母，親子間的關係與小孩的表現才會符合你的期待。

「有條件的成就情境」時時刻刻挑撥著我們的心緒，在耳邊悄悄地說：「你可以更好的，爲什麼不要呢？」等我們怦然心動後，卻又斂起笑容，正色地說：「如果你想要，說說看，你憑什麼呢？」

如果說，「你可以更好」勾動著我們的自我期待；而「你憑什麼呢？」就是讓我們低下頭檢視自我評價了。

**沒有「條件成就情境」，就不會有完美主義者**。舉個例子來說，面對夜半住家失火，嗆眼的濃煙四竄，警鈴大作，黑暗中，只見隱約冒出的火舌、驚慌叫聲、坍塌聲、燒灼聲與不知於何處的烈焰襲人。此刻，就算是嚴重的完美主義者，照樣是逃命要緊，跟所有人一樣：如有親人，在意親人安危；如僅是自己，則驚魂甫定，呆立一旁。至於能不能以優雅的姿態逃出來？在記者採訪時鎮定而口條清楚地陳述過程？是否穿搭合宜？通通不是重點——因為，夜半失火是「無條件」的「非成就」情境，在生死攸關之際，對於置身其中的受災戶而言，幾乎不太可能透過它來獲得表現的機會。

然而，對於一位報導該場惡夜大火的年輕記者而言，意義可就不一樣了。一段扣人心弦的現場採訪，一場洞燭機先的深入報導，在消防人員與友台都還沒掌握到的訊息之前，就發現案發原因與多年管理不善，處處藏著讓他「表現與被看見」的機會。這場大火對於該位年輕記者而言，不折不扣是個有條件的成就情境，但**情境能帶來的「利益」越大，「條件」就**

**越苛刻**（在友台競爭中脫穎而出），被挑起的完美主義也會越強烈。

因此，完美主義者不是時時刻刻都是完美主義者，相反地，只有在事發當下，從他的身分、立場與敘事角度，事件是以「有條件的成就情境」出現，內心的完美主義才會被觸動，而出現各種完美主義的行爲。

## 因「自我評價」與「自我期待」的失調而產生大量焦慮

在有條件的成就情境存在下，主導情緒的兩大力量：「**貪婪**」與「**恐懼**」會開始作用。因爲貪婪，我們期待表現傑出、獲得肯定、贏得利益與掌聲；卻又因爲恐懼，我們害怕自己做不到，甚至失去更多。

倘若擁有較高的自我期待，同時，也具備較佳的自我評價，這樣的組合將會驅使我們貪婪，力求表現，想從「有條件的成就情境」中贏得更多好處，因爲我們相信這是一個機會，而且有能力實現這個夢想。

相反地，如果自我期待不高，而自我評價也偏低，我們就會因爲恐懼失敗而趨於保守，什麼都不要做最好——反正，沒有期待就不會有傷害，既然自己要的不多，又何必冒險追求表現，增添受傷害的風險？

無論是前者或後者，都是人類理性的行爲，也都是「自我期待」與「自我評價」緊密相隨的結果，爲人類的心理健康帶來了強大的保護，讓我們知所進退。

然而，如果「自我期待」一路向前衝，「自我評價」卻遠遠落在後面，兩者完全脫鉤呢？「焦慮」就會在這個時刻產生，超過潛意識層的自我保護機制（心理防衛機轉）所能消化的份額，焦慮就會大量浮現到意識層，讓人出現心浮氣躁、坐立難安、難以思考、注意力不集中、記性奇差、心跳加速、吸不到氣、口乾舌燥、頻尿等症狀。照通俗的講法，就是所謂的「自律神經失調」。

人們會根據其人格特質，啓動不同的「調適策略」，進而出現了不一樣的行爲反應。但有些人即便開啓調適策略，還是壓不住焦慮，此時，焦慮就可能直接以**「情緒的原型」**表露出來，例如我們常說的「暴躁型的完美主義者」，其實就是指「調適策略能力太差」，導致焦慮多數以暴躁情緒直接外顯。

## 不同人採用了相異的調適策略，形成了各式的完美主義行為

不過，絕大多數的完美主義者，終究會找到屬於自己的「調適策略」，但是基於種種原因，諸如：人格傾向、個人經驗、自我增強、學習典範不同等等，每個人採取的行動都不太一樣，而這些行動本身，才是完美主義者的特徵或症狀。

以下大略說明常見的「調適策略與背後的心理成因」。

## 【更加努力、反覆檢查修正，造成彈性下降】

這是最典型，也是爲數最多的完美主義者之行爲反應（調適策略）。這類型的人懷抱著一個「過高且缺乏彈性」的「自我期待」，也就是說，他們不只是「自我期待」過高，而且還不太能區分輕重緩急。甚至只要是自己分內的事，他們都會用同等的過高標準去看待。

簡單舉個例子。面對一場例行性的組內簡報，由於規模不大，又沒有外賓，重點應該放在如何有效地將工作內容傳達給其他人，至於簡報檔的底圖顏色、格式、字型與字體選用，只要不妨礙與會者閱讀，一般來說不致於構成太大的問題。但是對於此類完美主義者而言，不只內容要豐富，講演要精彩，連簡報檔的設計細節也相當要求，即便時間已經來不及了，他們也會想要以高標準來完成每一個細節。

這種缺乏彈性的高標準，其實隱含著一個**相對低落的「自我評價」**：正因爲對自己不滿意，所以才會認爲做出來的每件事通通不及格，需要一改再改。換句話說，這類型的完美主義者把此時此刻的自己看得太差，又把對於未來自身的期望放得太高，爲了彌補兩者之間的落差，只好透過瘋狂努力與不斷修正來克服。

有趣的是，大多數人能承認自我期待過高，卻不太能意識到自我評價過低。即便被問及：「如果你對自己是有信心的，那爲什麼還要一改再改？」他們便會以各種冠冕堂皇的理由來搪塞。

由於缺乏彈性，此類完美主義者的做事效率往往容易受到限制——因爲浪費太多時間在無意義的細節修改，而使得低效率帶來的時間窘迫又加深了自己的焦慮。在少數嚴重的案例還會發生這樣的情況：本應降低焦慮的調適策略反而升高了焦慮，造成內心衝突更加嚴重，形成惡性循環，最後導致疾病的產生。

## 【向外討好與尋求認同】

當完美主義者面對「自我評價不足」，除了上述的努力，有些人則設法透過他人的認同來提高自我評價，以縮短與「自我期待」之間的差距。

雖然說「努力與修正」本身也是一種廣義的討好手段，例如：我們在拚命的同時，往往也會期待上司能看見自己的付出，並在心中渴望那句「謝謝你這麼努力」的一絲慰藉——雖然明知現實中似乎不太可能發生。然而，有些人明顯深受別人的影響，只要大家都能肯定他，就足以提高他的自我評價，終止內心的焦慮；有的人則否，即便上司或客戶都已經滿意，但他還是沒有辦法停止完美主義行為。

對於那些**容易受到別人影響的人，他們可能更傾向採取討好他人的方式，勝過前述的努力與修正**。畢竟，別人的一句讚美，足以讓他們獲得成就感；一句嘲諷，就可能會使他們前功盡棄，那麼，他們又何必關起門來孜孜矻矻、不眠不休呢？

相對於典型的完美主義者，這群人更在意的是別人的認同與接納，因此，在得不到肯定與讚美時，他們也許會以努力、反覆修改等傳統方式來表現。然而，一旦得到客戶、主管或觀衆的肯定後，積極性便會快速下降，甚至到了漫不經心的地步——因爲他們原本匱乏的「自我評價」已經由別人所補足了。

不過，這類透過外部給予的**「補充性評價」**通常維持不久，尤其對於B型人格者（一種人格特質）而言，消失得更快，甚至撐不過一天，結果就形成周而復始的輪迴（如下圖）。

〔傾向討好他人的完美主義者歷程〕

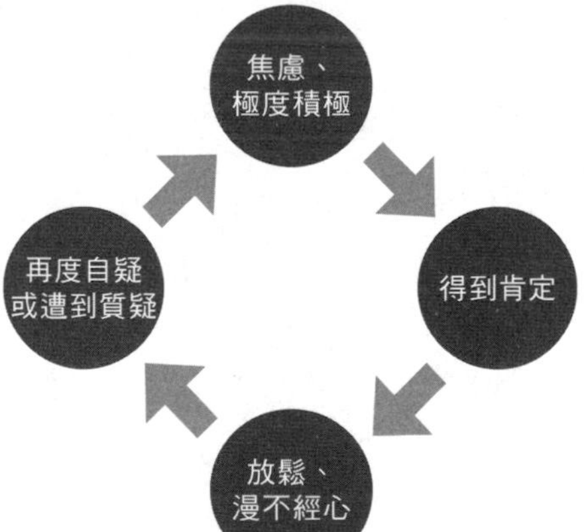

**【拖延】**

拖延是一種廣泛存在的行爲反應，常跟其他調適策略合併使用。簡單來講，就是眼不見爲淨。

正因爲想要好好做（高自我期待），偏偏又不認爲自己能輕易做到（低自我評價），想法接二連三而來，卻找不出一個能讓自己滿意的最佳表現方式，反正時間又還沒到，那就不如晚一點再想。

隨著時間過去，眼看一點進度也沒有，正如社會所期待的「慢工出細活」，工都慢了，活怎麼能不細？時間都花下去了，如果隨便交差了事，那豈不是更加羞恥？當流逝的時間一點一滴築起了高聳入雲的標竿，反而令人卻步，行動力也就更加薄弱了。

這情況通常會直到截止日前夕，求好心切的心終於被焦慮給壓垮之後，行動力才會大增。此時，已經顧不得「自我期待」和「自我評價」了，只要能完工就好，要多快就有多快，但求能夠交差了事。

爲什麼在最後一刻，會突然出現這麼重大的轉變？

我們不妨回想前述所說的「有條件的成就情境」：沒有這情境，就沒有完美主義。還記得暗夜大火的例子嗎？那是一個「無條件」的「非成就」情境，住戶只會奪門狂奔，不管姿勢、妝容或穿搭，再狼狽也罷，活命要緊。當一份工作被拖延到最後、死線將至時，情況就會轉變成如此，因爲你已經談不上表現好不好，也就不存在超額利潤（非成就情境）；除了盡快完成它，沒有其他選擇（無條件），霎時，完美主義暫時離開了，讓你以飛快的速度了結一切，等任務完成後，它又再度回到身上。

**【快速轉移陣地】**

儘管拖延是絕大多數完美主義者會採取的行爲，但只有少部分的人會伴隨另一種罕見的調適策略——**亂畫大餅**，把原本的工作目標拉升到更華麗、更花俏、相對也更難以實現的境界。

乍看之下，這樣的「調適策略」好像很沒道理。把自我期待拉得更高，豈不是讓焦慮變得更加嚴重？事實上，這是一種近乎自我欺騙的心態：在這類人的世界中，任何事物的時間效果遞減地非常快，完工固然重要，但時間還長，因為時間效果遞減迅速的關係，對此刻幾乎沒影響；但現下在業主、主管、客戶面前畫大餅、自吹自擂，卻馬上可以讓人感覺良好，大幅拉升「自我評價」，正向經驗遠遠大於日後要交差時的痛苦（反正還很久）。

這情形可以類比於經濟學上的「時間偏好（Time Preference）」＊。這一類人有相當高的時間偏好：寧可在現下消費，也不願拖到未來。而現在的大吹大擂，不只是變相地向未來的自己借貸（將來要花更多努力來完成更多工作）。到了下一期，他們感受到了**飛快增加的「自我期待」**（**上一期自己輕易承諾的後果**），不得不畫更大的大餅，讓自我感覺維持良好，同

---

＊註：由於時間偏好與跨期模型已經超過本書範圍太多，感興趣的讀者，可以進一步去閱讀歐文・費雪（Irving Fisher）的理論。

時更倍增下一期的「債務」。

可想而知，這類人幾乎都會以「倒債」收場。也就是說，到了接近該交件的日子，他們要不是想出一個完美的理由來解釋自己為什麼不能做，就是責怪他人，認為都是別人害他沒辦法完成任務；再不然就是兩手一攤，厚著臉皮當作沒這件事，然後快速轉移到下一個陣地，從另外一個全新領域開始。

在這些人之中，一部分屬於高智商、能言善道、掌握關鍵技能或討人喜歡的人，可能會被團體所接納，而繼續為所欲為下去，當然，受害者就是與之配合的同事，或是與他們朝夕相處的家人。另一部分的其他人則可能會被拆穿謊言，被迫離職，換個環境繼續演下一齣戲碼。

## 【貶低原目標】

貶低原目標的調適機轉並不少見，但很少與完美主義聯想在一起。

這群人的特徵在於較強的**內向性思考與對外貶抑**，導致「自我期待」與「自我評價」不只脫鉤，還糾纏在一起。簡單來說，他們對自身有相當高的期許，高到自己根本做不到，然而，基於他們的內向性思考，馬上會對自己發出質疑：「我希望成為這種高水準的人，但我做得到嗎？」可想而知，當然做不到。於是，他們的自我評價便會被自己給貶低。

為了排解自我評價的低落感，他們還會選擇貶抑他人：「我之所以做不到，是因為我不像別人總是利益交換、偷工減料、官商勾結，如果真的要比拚實力，才不會輸給任何人！我有自己的堅持與原則。我跟他們不一樣！」甚至這樣的貶抑動作是在內向性思考中完成，他們不會真的講出來讓別人知道。

至此，你應該可以料想到：為了修復受傷的自我評價，當人們選擇貶抑他人，無形之間，卻把「自我期待」再度拉高了。接著就進入了惡性循環，他們的自我期待越來越高，自我評價越來越低，同時，也貶抑了原本的目標，一味認為那是「有操守的人不該做的卑劣事」，所以，他不做就是不做。

如果等到事過境遷，在他們心平氣和的時候問：「那件事真的有你說的那麼卑劣，那麼壞嗎？」他們反而會有點迷惘地回應：「現在來看是還好，可是當時也不知道為什麼，就是有那種感覺。」

這類人很容易活在內心的小劇場裡，為了堅持一些旁人不懂的「大節大義」而貶低原目標，最後一事無成，自然也就不必感受到做不好的焦慮。然而，他們其實飽受完美主義之苦，只是恐怕連自己在內，很少人會把他們跟「完美主義」聯想在一起。

面對過高的「自我期待」與過低的「自我評價」所產生的焦慮，人們可能採取的調適機轉自然不止如此，只是限於篇幅，就以較常見的這幾種來說明。

## 〔三大人格分類下的完美主義者〕

首先，必須強調，本書並不打算對完美主義進行分類，列舉各種不同類型的完美主義。最主要的原因是，時下已經有太多種完美主義的分類，例如：以「對自己要求完美」、「對他人要求完美」或「被人要求完美」分類；或是「追求外在評價」與「辛苦工作，追求內部價值」分類；或是「功能型」與「功能障礙型」等等。

事實上，這些分類不外乎是透過完美主義者的行爲特質，與完美主義是否具有功能來做判斷，但**人類行為深受人格特質所影響**。同樣的行爲對不同人格者的意義可能有著天壤之別，與其針對完美主義來分類，不如依據現有人格特質的分類來探討，當事件發生在不一樣的人格特質者身上時，完美主義可能會以什麼樣的形式表現出來。

人格特質指的是人們在不同情境中保持一致的獨特行爲反應。舉例來說，C型人格的小麗，在看見工讀生背著名牌包上班時，她可能會想：「連她都背這包，我怎麼可以沒有？」於是下班後，她可能立刻就去買一個。換成B型人格的小妍，其他條件相同，想法卻可能變成：「連工讀生都背名牌，我才不屑跟她一樣！」結果，她要不是花更多錢買更昂貴的，就是反其道而行，背個地攤貨出門。

倘若把觀察時間拉長，我們可能會驚愕地發現：跟小麗一樣，馬上去買名牌包的人，在國中的時候，多數也跟小麗一樣，是老師眼中循規蹈矩的乖學生；而跟小妍一樣反應的人，則常常有著爲了改短裙子、上課睡覺等與教官互鬥的中學生涯。

事實上，小麗與小妍各自嚴守著羊群效應（bandwagon effect）與虛榮效應（snob effect）而不自知。在二十世紀中葉，強調理性的經濟學家發現：個人的選擇會「不理性」地受到社會群衆所影響——絕大多數人會如同小麗一樣，當朋友們都穿著某品牌的服飾、讚許某些書籍電影好看、流行到某些地點旅遊時，那些商品的效用就會變得更高，讓人們更願意花錢消費，此一現象便是羊群效應；奇怪的是，在同樣的情況下，有些人卻會如小妍一樣，選擇反其道而行，享受「我是特別的」所帶來的快感，即使爲此付出不相襯的代價也在所不惜（例如：爲了幾公分的裙子長度被記小過，或者花大錢買一件從來不穿的衣服），這則稱爲虛榮效應。

在相同的努力、智慧與機運的條件下，小麗與小妍的人生成就可能相去無幾，但在每個重要的人生分叉點上，兩人往往會做出恰好相反的選擇。

人格特質在不知不覺中影響著我們一生的思考方式與行爲表現，人類行爲也只有透過其人格，才能正確地被解讀。

因此，進一步了解完美主義與人格之間的關係，除了有助於發現各式各樣的完美主義者，讓人們有機會自我覺察並修正自己的行爲之外，也可以讓我們更瞭解自己所關心的人，明白他們爲何如此堅持、缺乏彈性、在相同的情況下錯失良機；或者如此眼高手低、在相同的地方一再跌倒、因爲情緒失控而激怒所有的人。

**關於本書的人格分類**

人格的分類方式很多。本書以美國精神醫學會所制定的第五版診斷與統計準則DSM-V對於人格疾患的分類方式，分別從A B C三個大類別（跟血型無關）來探討。必須強調的是：在本書中引用的僅涉及人格傾向，並不討論到疾病部分。

## 測驗你的人格傾向

爲了方便大家更加認識自己的人格特質，接下來將提供一份簡易的自塡量表，它是根據美國第五版診斷與操作手冊DSM-V的法則，並且輔以計分系統，讓讀者可以快速找到相對應的人格傾向。

在此，必須強調的是，實測結果不一定在A、B、C三大類人格中有所偏重，平均分布（分數接近）也是正常的。此外，這也並非診斷型的量表（信度與效度均不能作爲診斷之用），結果僅能提供參考，但這有助於我們增加自我認識與覺察，釐清目前的心理現狀。

**請以直覺思考下列敍述句，若與你的個性相符，請在方格裡打勾**
**（也可以掃描下方 QR Code 來進行線上版測驗）。**

- □ 1 沒有朋友，我照樣過得很好。
- □ 2 有沒有人懂我，我並不是很在乎。
- □ 3 人們總是誤解我，對我有敵意。
- □ 4 人們甚至會長期暗中干擾我的生活、破壞我的工作上計畫。
- □ 5 我有很多想法，但我不是很想說出口，因為每當我告訴別人，別人總是用奇怪的眼光看待我。
- □ 6 我的心情變化很快，原本好好的，會突然因為一件小事，馬上跌到谷底。
- □ 7 我容易感傷，對畢業、搬家、家人老去、人事變遷等，都會感到難受。

測測看你是哪一種
完美主義者? ▶

□ 8 我常為別人付出太多，別人卻很少對我有所回報。

□ 9 我有時會懷疑自己有躁鬱症。一兩天興致勃勃，瘋狂投入某項事務；過個幾天，熱度冷卻，就興趣缺缺，完全提不起勁。

□ 10 別人常會嫉妒我。

□ 11 我看心情做事：心情好時，善於把自己最佳的一面給表現出來；若心情不好，只想攤在一旁，什麼也不想做。

□ 12 我做事但求無愧我心，是否符合世俗規範倒是其次。

□ 13 大家常說我很難溝通，腦袋不知道在想些什麼。

□ 14 我偶爾會遇到一些匪夷所思或極端巧合的事情，但別人都不相信我說的。

□ 15 這個世界是個充滿奇幻、特異功能、正邪之爭的地方，有時候比電視劇還精采，只是絕大多數人都感覺不到。

□ 16 大家常常說我很冷漠，想法不同於常人。

□ 17 如果可以選擇，我寧願一個人過生活。

□ 18 我會盡量避免需要拋頭露面的工作。

□ 19 社交場合讓我感到很不自在。

□ 20 我很擔心被別人拒絕，甚至會因為怕被拒絕而不敢提出要求。

□ 21 我非常需要有人能讓我可以依靠，就算他會欺負我、對我不好。

□ 22 如果我依賴的人不在了，我會盡快找到另一個能依賴的對象。

□ 23 跟朋友一對一相處比較容易，跟一整群人在一起會讓我不自在。

□ 24 就算實際表現並不差，我還是會覺得自己很糟糕，或能力不夠好。

□ 25 我在團體或人多的地方就忍不住想躲起來。

□ 26 我不太敢頂撞別人，或者與別人持相反意見。

□ 27 當有人注意我，就會覺得精神振奮，什麼都敢做，像換了一個人似的。

□ 28 我喜歡參加社交活動，特別是受到大家注目的感覺。

□ 29 剛到一個新環境，我很容易跟大家相處融洽；但時間一久，各自都有了小團體之後，我反而容易落單。

□ 30 我很擔心伴侶終將離開我，並經常測試他的心還在不在我身上。

□ 31 我的伴侶很受不了我擔心他離開的恐懼，我們經常為此爭吵。

□ 32 我比較容易衝動行事，如：發言、購物、交往、衝突或性行為等，常影響自己身體、財務安全或人際關係。

□ 33 在工作中，我難以忍受無法控制的變數，若需要別人配合時，我會很焦慮地想掌握對方的做事方法與進度。

□ 34 我不太會因為受挫而改變自己行事習慣，別人常認為我固執或死性不改。

□ 35 我覺得自己是個很理性的人。

□ 36 我不是很明白什麼叫情緒。

□ 37 我並不在乎別人講些什麼，只做我想做的事。

□ 38 我覺得我的做事態度有些僵化，比較難隨機應變。

□ 39 遵守團體規範與應有禮貌，讓氣氛和諧，遠比爭論誰對誰錯更重要。

□ 40 生活上，我很需要有人可以幫我拿定主意，不然我會極度焦慮。

□41我很擔心自己犯錯，會嚴守規則行事，做好每個細節，就算明知沒有必要或有些多餘，我還是一樣會照做。

□42計畫好的事臨時說要改變，會讓我很不安。

□43「斷捨離」對我來說一直都是很難的功課。

□44我有「存款不能減少症候群」，投資可以，要我花錢，會覺得壓力很大。

## 計分方式

1. 將測驗中A、B、C三種人格所對應的題目分數相加（有打勾即獲得1分）。
2. 三種人格所得出的總分除以該類別的題數。
3. 對應的平均數最高分者，則屬於該人格。（例如：A人格平均數最高，代表你屬於A人格。）

| A人格傾向 | |
|---|---|
| 將以下17題得分相加，並除以17。 | |
| 1~5、13~19、34~38 | 你的得分： |
| **B人格傾向** | |
| 將以下19題得分相加，並除以19。 | |
| 6~12、20~23、27~34 | 你的得分： |
| **C人格傾向** | |
| 將以下18題得分相加，並除以18。 | |
| 17~26、33、38~44 | 你的得分： |

測驗完畢後，我們可以從對應的人格傾向，去檢視自己所屬的完美主義類型（下一頁將進一步說明）。

✓CHECK!

## C型人格的完美主義：追求安全型

擁有C型人格特質的人占了全人口數超過80%以上，是社會的主流，C型人格的從眾性、務實、謹慎、與社會互動密切、需要人際連結、在意自己在社群中的表現等特質，也會影響完美主義的表現方式。

C型人格特質者在意「別人的看法」，沒有勇氣標新立異，他們也許崇拜特立獨行的人，但至少自己是不敢這麼做的。當老闆在會議上說「有什麼意見，歡迎大家提出來討論」時，他們會是集體低頭不語，等散會後立刻開始交頭接耳的一群。

喜歡分享祕密，不管是誰的祕密，對他們來說，打聽兼轉傳八卦就是一種同盟關係的保證。他們的社會化程度一般較高，很快能分辨出並肩走來、同樣職級的兩位長官，應該優先向誰問好——然而，這點並非絕對，不善於社交的C型人格也是有的，不過，無論社會化能力好壞，他們都不會故意做出突兀、出人意表、讓對方下不了台的舉措，除非他們已經控制不了自己的焦慮。

他們的焦慮程度普遍較高——除非能得到群眾的認同，同時也感覺到自己是安全的，例如：跟自己的好朋友在一起、在熟悉的情境中活動等等，那麼，他們就有辦法持續保持放鬆。

由於C型人格的相對保守、謹慎、小心翼翼與高社會性，這類人一旦面對「自我評價過低」與「自我期待過高」的問題時，多半會遵從社會認可的價值——勤勉——來彌補兩者之間的差距，孜孜矻矻地在自己的工作崗位上不斷努力，並且反覆檢查與修正，以期待得到上級、同事、同儕或群眾的肯定。

通常C型人格的務實特質，使他們更在意真實的表現，倘若表現不好，光是追求別人的肯定是沒有意義的，因此，他們傾向於自我努力，而非採取討好他人的行為。然而，C型人格的從眾性又會讓他們深受社會評價的影響，如果獲得別人的肯定與稱許，他們的自我評價一樣會提升，因而獲得滿足，減少因完美主義而生的焦慮。

兩股力量加總在一起，就會變成：C型人格者通常不會主動去討好他人或是獲取認同，而是選擇自己默默努力，不斷檢查與修正。倘若旁人告訴他：「你做得夠好了。」他們可能會解讀為一種社會性的禮貌，不為所動，繼續努力。但是，如果這麼說的人越來越多，特別說話者是權威者或上位者，或者對方可以一一指出其做法的精妙之處時，他們就會半信半疑地開始接受，懷著忐忑不安的心，停止一再修改的動作。

這種「自我評價」因受到群眾肯定而獲得提升的可能性，端視人格強度與安全感高低來決定，倘若不足，就會出現一種情況：「明明知道大家都認為我做得很好，連我也覺得自己表現得不錯，但就是沒有辦法停止修改，也無法放鬆下來。」嚴重的話，將可能導致疾病，但畢竟是少數，大部分的C型人格者，**只要在夠權威、夠專業、夠多的旁人之中，被細緻而肯定地指出其表現的優秀之處，通常都會獲得滿足**——然而，問題往往在於，現實生活中願意給予支持的同儕不夠權威，而夠權威的專家或主管又不願意給予肯定，或是給予肯定，但過於草率敷衍。

由於C型人格占了人口結構中的絕大多數，而C型人格者最常使用的「**努力、檢查與修正**」調適機轉，便自然地成了典型的完美主義特徵。又因為完美主義有其「功能性」——完美主義存在經濟學上所謂的「外部性問題」，也就是當勞工無法自我控制地追求完美，反而將額外追求的好處給了老闆，老闆卻不必為此多付薪水。資本家通常喜歡將完美主義者放在能做事的中階主管，然而，在需要「會做人」的更高階工作上，這樣的性格可能會讓周遭的人備感壓力，甚至在某些地方不小心得罪人，或者令部屬感到不愉快。

**關於本書的C型人格**

倘若C型人格過度敏感、適應障礙或偏差過度時，可能引發的疾病包括：「畏避型人格疾患」、「依賴型人格疾患」與「強迫型人格疾患」。這些疾病並不在本書範圍，如果感興趣，可以自行查閱相關資訊。

## B型人格的完美主義：渴望認同型

擁有B型人格特質的人占全人口數不足20％，比例不高，但並不罕見。特別是B型人格者往往相當有個性、人格特質鮮明，通常在人群中相當引人注目，當人格特質更強烈時，甚至可能出現衝撞社會體制（如：倫理規範、法律制度）等行爲，於是更容易被衆人側目。

B型人格的特質在於情緒不穩定、人我界線模糊、容易感到空虛與孤單、做事容易偏向極端、需求延宕*相對較短、人際關係與角色立場不穩定……這麼多的「**不穩定**」讓B型人格者在周圍親友眼中，成爲一個相對情緒容易失控、不敢交託任務、善惡難辨、不知道該怎麼妥善應對的棘手人物。

「說變就變」是B型人格者容易給人的印象。比方說，曉鈴早上起床原本心情還滿開心的，下午因爲偶然看到Instagram上的一張照片，是以前國中同學們一起出遊卻沒有邀她，馬上陷入低潮，導致工作無法專心。事實上，她與那些同學也不是平時密切往來的朋友，沒邀她是很自然的，即使心裡明白，不過當下別人怎麼安慰都沒有用。大哭了一個晚上之後，第二天醒來，卻又奇蹟式地自己想通了。這類情況可說是非常典型的B型人格表現。

又或者，身邊的人可能會這樣形容，像是：「他的歪理特別多。說什麼若沒有拿第一，就乾脆當最後一名，絕對不要平庸過日子。人際關係方面，在一對一的場合會感到很自在；到了小團體聚會，就怯生生地不說話，下次再邀他便說不去了。奇怪的是，如果要他上台演講，他反而滔滔不絕，講得有模有樣的，像是換了一個人。」

B型人格通常只看得到自己，也只在乎自己，對於他們感興趣的人，會把對方當成「自己」來照顧，然而，他們通常無法接受「別人還有其他的人際關係要照顧」，會經常覺得爲對方付出很多，而對方卻只用少許精力

＊註：例如指個體為了達成特定目標、獲取渴望的結果，而願意克制衝動，放棄立即的滿足，以換得未來更大滿足的心理特質。

來打發自己，容易因此感到被背叛或沮喪。

這樣的態度衍生到人際關係與親密關係時，就會出現一種「吞噬型的愛」。他們宛若將對方吞噬到體內，用對待自己的態度，把對方照顧到無微不至；一旦關係破裂，就把對方吐出來，瞬間形同陌路，絲毫不念往日情誼，其無情與反差之大，往往令人錯愕不已。

對於財貨、權力、地位與名望的追求，B型人格遵守一種「**全有全無定律**」：要不就全力追求，主導整件事的發展，為了達到目的而討好或威脅別人；要不就瀟灑捨棄，把好不容易贏得的一切輕言讓渡給別人也無所謂——他們可以在「放手一搏」與「全然放棄」之間反覆再反覆，難以採取稍微折衷一點的方式。

B型人格也相當在意是否能「被人所看見」，也因此，他們會在乎自己的表現在他人眼中的評價。他們傾向於追求最大效果，在短時間內取得過人的成績，通常難以忍受按部就班、遵循機構文化或傳統倫理取得晉升的機會。

對於資源充沛、相對聰明與人格偏差不嚴重的B型人格而言，這種不按牌理出牌的做法，有可能變成破壞性創新，取得令人讚嘆的重大成就；然而，倘若資源不足、不夠聰明、特別是人格偏差嚴重的情況下，他們可能就淪爲整天空談與眼高手低的理想主義者，甚或破壞法令、造成自己或他人的危險，而形成人格疾患。

由於B型人格在社會比例中相對少數，分布也相當兩極化，從白手起家的億萬富豪、充滿群眾魅力的政治家、擁有廣大信眾的宗教家到八大行業從業者、幫派分子、殺人不眨眼的通緝犯都有可能，因此，群眾對於B型人格的特質，若非過度稱譽（名人傳記中常見），就是過度貶抑，無論前者或後者，都會造成扭曲，以至於B型人格出現的完美主義，通常都並非典型的表現，也很少被人所注意。

事實上，B型人格者具備完美主義特質的比例並不低，最常出現的調適策略包括：「**討好與尋求認同**」、「**快速轉移陣地**」、「**貶低原目標**」與「**拖延**」；而C型人格最常使用的「更加努力、反覆檢查修正」，由於需要穩定的付出，對於生性多變的B型人格而言，則相對少見。

在「討好與尋求認同」方面，如前所述，B型人格會追求最大效果，所以與其兢兢業業地專注於本分，他們更樂意於討好對方，倘若能獲得別人的認同，「自我評價」就能快速上升，讓焦慮程度有效降低。也因此，他們樂於去博取別人的肯定與讚美，只要成功獲得掌聲，就能放鬆下來；相較之下，受到業主、上司或同儕肯定時，C型人格的焦慮雖然會下降，但是自己的高標準往往不爲所動，因此，C型人格不傾向於透過「討好」手段來解決「不夠完美」的問題。

B型人格的另一個特徵，就是喜歡採取「快速轉移陣地」來展現完美主義。他們會不斷畫大餅，讓自己感覺良好。當工作期限越來越近，他們就會畫更多的大餅，勾勒美好的願景，以維持自己的良好感受，從而忽略舊方案的期限將至，並合理化自己爲什麼沒有完成預計的進度——因爲舊方案已經被合併到新方案了，如今的計畫更是遠大、更是美好！這麼做等同於以債養債，終究會有無法負荷的一天。因此，B型人格者的個別差異影響頗大，倘若資源充沛且天生聰穎，那麼，這場「騙局」會以一個更華麗的方式收場，或是轉型爲另一個夢想的土壤，而爲他人所接受；若否，則容易導致信用破產。

部分B型人格者還會採用貶低原目標的方式來發洩完美主義的焦慮。只要能夠成功說服自己，原本工作的意義並沒有那麼重要，或別人都是透過一些不正當的手法才能完成該項任務，那麼，他們就能合理化自己不夠努力的事實。通常他們會如此辯解：「就是因爲這件事太沒意義了，所以我才沒有動作。是我不屑去做，不是我沒做。」而後，他們的自我期待就更高了，他們會想：「我要去做一件更讓人刮目相看的事。」結果導致「自我期待」與「自我評價」越拉越大，這些都是不折不扣的完美主義表現。

拖延，也是B型人格常用的調適策略——儘管偶爾也會於C型人格身上見到。畢竟，眼不見爲淨，對任何人格都有暫時紓壓的效果，雖然到了最後，總會面臨火燒眉毛的窘境，但這是人性的弱點之一。

總而言之，對於B型人格而言，完美主義並不少見，只是表現的方式向來都相當不典型，很容易被旁人所忽略。

**關於本書的B型人格**

B型人格有四個子面向：「自戀型」、「戲劇型」、「反社會型」與「邊緣型」，每一位B型人格者通常會同時具備上述四種性質，但分配的比例不一，如果高度聚集在其中一種，例如：「自戀型」特強，我們就稱之為「自戀型人格」。如果對B型人格感興趣，可以參考《原來這就是B型人格》一書。

## A型人格的完美主義：自求我道型

Ａ型人格是一種少見的人格，目前尚沒有一致的資訊來了解其盛行率，但估計約在２％～５％。其主要的特質在於情感的淡漠與疏離、與社會脫節、對其他人缺乏互動與同理、容易專注在自己的內在思想世界等。

這類型的人由於內向與社會孤立，行爲作風並不容易被人所理解，社會大衆對其影響力也不大。他們多數在自己的崗位上，靜靜地做著本分內的工作，旁人看不見野心，不清楚他們的內心想法，也無法與之共享同事與同儕間的情感與喜努哀樂。大多數人對他們的印象就是：「怪人一個。但至少可以溝通，對人無害。」

Ａ型人格由於較難適應社會，因此很容易在學校、職場上受挫，我們實際能觀察到的機率會遠少於上述的２％，其餘的可能就靠著打零工度日，或索性成爲啃老族、由兄弟姐妹間出資請他照顧年邁父母者；完全沒有資源的，甚至可能流落爲街上遊民，或是使用社會福利與社會救濟的常客。

在極爲罕見的情況下，A型人格如果擁有了絕頂聰明的頭腦，那麼，他們可能會成爲難得一見的奇才，加上後天習得較佳的社交能力，相對地，社會也會因爲他們對人類的貢獻而願意做出更多的讓步，比方說，在高層級的研究單位工作或頂尖大學任教。此時，全然內向化的思考，成爲他們專精於某領域的一大利器——因爲他們**保存了絕大多數的精力在自己感興趣的議題上，而很少去在乎社會觀感**。

由於溝通方面的障礙，臨床上很難判斷他們的「自我期待」與「自我評價」，因而A型人格的完美主義相關資訊就相當有限。我們充其量可以預期到，一旦他們的「自我期待」與「自我評價」差異太大，更可能直接以情緒表現出來，而不是以任何「調適策略」去消除焦慮。

具體一點來說，當實際表現不符合他們對自身的要求時，可能會暴怒、難以接受，而選擇不惜成本地做出全盤的改變，對外呈現的，就是一個暴躁、紊亂，甚至有暴力傾向、難以預測且沒有特定做法的完美主義者。

### 關於本書的A型人格

倘若A型人格偏差嚴重到疾病程度時，可能形成三種疾病：「偏執型人格疾患」、「分裂型人格疾患」與「精神病型人格疾患」，後者可能為思覺失調症的前身。由於範圍遠超本書，有興趣者請自行上網搜尋相關資料。

總結上述A、B、C三型人格特質的完美主義，應該不難發現：日常口語中所謂的「典型完美主義」，基本上就是指C型人格的調適策略，如果考量他們在人口占比之眾多、影響之深遠、行爲之固定，會有這結果一點也不令人意外。

而B型人格幾乎囊括了各種「非典型的完美主義」調適策略，儘管他們在人口占比不高，但從其行爲變化難測，調適機轉的自相矛盾性，不難想像：很多深受完美主義所苦的B型人格，常常被視爲不負責任、沒擔當、只靠一張嘴、翻臉不認人，事實上，這是他們有苦說不出的地方。他們其實也是完美主義的受害者，只是非但旁人不知，就連他們自己恐怕也沒有察覺，更遑論去學習怎麼從完美主義中走出來。

至於A型人格的完美主義，由於牽扯了太多的情緒表露、爆衝與失控，我們傾向建議他們直接向專業工作者（精神科醫師或心理師）求助。

Chapter 2

# 完美主義是怎麼產生的？

在「有條件的愛」底下成長的孩子，他們會盡力去符合他人的標準，只為換來一句：「你表現得真好。」「你很棒。」「你好厲害。」而這些對他們來說，就是「我愛你」的意思。

我們已經知道完美主義的行爲是如何出現的，然而，爲什麼在同樣的情境下，有些人會用完美主義的邏輯去思考，有些人不會呢？

關於產生完美主義的原因，至今衆說紛紜，並沒有定論。從二十世紀開始，心理學界在完美主義的探討尚不多，主要來自於佛洛伊德的精神動力理論與阿德勒的個體心理學，外加發展理論與依附關係，到了一九九〇年代，數個研究團隊提出了多軸向模型，完美主義相關研究才呈爆炸性成長。二〇〇四年後，每年以完美主義爲題的研究已經超過一百篇，且快速增加中，二〇一六年起，每年論文數甚至突破三百篇。

前兩個階段算是對完美主義提出一個解釋性的古典模型，而本書也是依據精神動力學派來詮釋完美主義的心理防衛機轉，加上阿德勒的經典理論。至於第三階段的多軸向模型則還在方興未艾的階段，雖然逐漸引起大量學者與研究資源的投入，但至今並沒有一個決定性的理論統整，因此，要等到再成熟一些，出現重量級國際大師提出經典而具體的理論，包容各家學說於其內，才適合透過科普文章介紹給國內讀者。

本章將一九九〇年代後的現代多軸向模型，所引發的完美主義研究熱潮列於第三部分，先從常見的經典解釋說起，讓大家先對完美主義的成因有全面的瞭解，再感受現代百家爭鳴的新觀點。

## 過高的期待，來自於被內化的「有條件的愛」

所謂「有條件的愛」是一種與「無條件的愛」相對應的概念。前者指的是接受者必須達成給予者設下的一些條件，給予者才願意「愛」接受者，可以先完成條件再「愛」，也可以先「愛」之後再完成條件。我們不妨用

「交易」或「刷卡付款」來類比，會更好想像：一手交錢一手交貨，或者先享受後付款。你拿得越多，你以後就要還得越多。

相反地，「無條件的愛」性質上比較接近「贈與」，就是白白給予的，接受者什麼都不必做，也什麼都不必償還，是否心存感恩都在所不論，反正給予者給了就是給了，根本不在乎接受者怎麼想，也不需要對方「銘感五內」。

值得留意的是，「無條件的愛」不等同於「無限度的愛」，而且恰恰相反，因爲是不求回報的贈與，**所以「無條件的愛」必然是有限度的**；反之，「有條件的愛」因爲對給予者沒有損失，所以往往是無限度的，給予者能力有多大，就會給予多少。

如同第一章提過的，「自我期待」與「自我評價」之間的落差越大，越容易使人產生焦慮，在實務上，我們也發現，一個對自己有過高自我期待的人，在其成長階段，經常出現被家人用「有條件的愛」情緒勒索過的斧鑿痕跡，而且隨著年齡成長，人們會逐漸把這些有條件的愛內化為自身信奉的教條，帶到他的新生活或家庭裡。

一個真實例子是，女孩從小就被嚴厲告誡：「別人對妳好，妳要記得心懷感恩，力求回報。不然，妳長大後有可能會被拋棄。」到了她出嫁之後，每年除夕夜，先生一家人在客廳聊得開開心心，唯獨不見女孩蹤影，直到先生發現她躲在廚房刷地板，她委屈地說：「只要看到那些鍋碗瓢盆堆在那邊，我就覺得自己沒做好媳婦的本分，就算婆婆說此刻是大家聚在一起的時候，不要管那些，但我又覺得自己很不會講話，如果坐在客廳卻總是接不上話，一定會讓大家很掃興。大家都說我要求太高，但我覺得自己很糟糕，還要勞駕別人安慰我，終究有一天，等你們耐心被磨光後一定會討厭我。後來我發現，只要廚房沒開燈，偷偷躲進去刷地板，感覺有在做事，心裡就會舒服一點。」

女孩完全認同婆家是接納她的，也非常感激。但是這些被「贈與」的婆家關愛在一接觸到內心「愛是有條件、務必要回報」的教條後，馬上轉換為一種「交易」。她無以回報婆家——霎時，不管多少包容與接納都變成了龐大的壓力。事實上，這普遍存在於過往的東方社會與較低的社會階層，比方說，幼年期有條件的愛一旦被內化，我們就會不斷提高對自己的期待，在一生中，努力想回報每一位善意者的「大恩大德」。

## 無形的要求比物質上的條件更難滿足

在過往，社會經濟條件不佳時，「有條件的愛」裡的「條件」通常相當清楚，例如：「長大賺錢養家，讓父母不必再那麼辛苦」、「要有出息，能夠衣錦還鄉」、「有一番作為，才無愧於所有幫助過自己的貴人」等等，由於「條件」通常跟經濟、物質有關，是可以努力得來的，相對也清晰許多，壓力通常存在於我們要面對的客觀環境。

然而，隨著社會逐漸富裕，父母能給予的物質條件越來越多，當教育程度提升，開明的父母更重視心靈層面的教養問題，這時，「有條件的愛」裡的「條件」就變得逐漸模糊。正如許多現代父母經常對孩子這麼講：「我不求任何回報，只要你們過得好，我就滿足了。」

問題在於，什麼叫做「過得好」？這是誰來定義的？在通常的情況下，都是由父母自己定義，換句話說，孩子必須面對一個需要被完成的期待（過得好），而且還不知道這個期待的內容是什麼，這相當於是面對一個**內容不明確的債務**，只知道父母恩重如山，卻不知道該怎麼還。

另一個「隱形的有條件的愛」的常見對話，幾乎天天出現在各個家庭的角落。當孩子回家，表示自己考得不好，心情很難過時，父母通常直覺地安慰：「下次再考好就好了。」殊不知，這是一句徹底的傷害性話語，因爲聽在孩子耳中，意思就是：「沒錯！父母雖然都說他們不在意我的成績，但其實他們心中是有一把尺的，不然，何必叫我下次再努力？顯然我在他們心中還不夠好。」

換個角度來看，如果是「無條件的愛」的對話，又會是怎麼樣呢？「妳考九十分？雖然比上次低一分，不過比起上學期平均高很多呀！妳那個做科展的好朋友這次怎樣——分數跟妳差不多？我記得妳一年級的時候，都還看不見她的車尾燈哩！妳很不簡單喔。」大家應該不難聽得出來，這位家長不只沒有預設立場，還一直當孩子的朋友，許多細節他都記得清清楚楚，至於孩子表現如何？他就只是欣賞而已，並在適時給予鼓勵。

◇

再和大家分享一個故事。一位高知識分子的母親告訴我，她爲孩子所做的一切犧牲奉獻，都是沒有條件，不要求回報的，如今兩個孩子都到國外的私立大學就讀，她與丈夫負擔著高昂的學費，「在能力所及的範圍下，一定會給他們最好的，我們夫婦倆只希望孩子將來過得幸福、健康、快樂，就心滿意足了。」這位母親微微激動地說。

我淡淡回應：「那，如果小女兒學成之後，想回來台灣開垃圾車，因為她的樂趣就是當清潔人員呢？」這位母親一時語塞。「開垃圾車怎麼會快樂呢？」

我才解釋當時的情況：「妳的小女兒就是太清楚父母希望她過得幸福快樂，所以從小開始，無論是在學校受到同學欺負排擠，還是在家看見你們夫妻吵得多兇，從來都不敢把內心的痛苦、擔憂表現出來，在你們與朋友面前，永遠扮演那個幸福、健康、快樂的小孩，所以今天她因為堅持要念醫學系，但成績又不夠好，在學校崩潰多次，直到驚動了輔導系統，才會整個爆發出來。」

「我們也常常想找她談心事，但她都不說啊！」

「因為你們確實很努力了，她知道你們是對好父母，也知道說出來你們會難過，而她不願意讓自己最愛的父母難過啊！而且我相信她從小就豎著耳朵聽，妳們又誇讚了哪個親戚的小孩考上了醫科、哪個朋友的孩子現在去美國當醫生之類的。」

這就是一個很經典「有條件的愛」底下的結果。父母用盡全力想扮演好父母，卻不知道自己給出去的是有條件的愛，導致父母給得越多，包容得越多，小孩自覺虧欠越深，不斷地努力求表現，卻永遠還不起。

整個過程中，我們很難指責誰做錯、或做得不夠，但在「有條件的愛」的模式下，**任何一方的犧牲與付出，都會變成另一方的負債與壓力**——只因爲這種愛是必須要還的。

## 真正「無條件的愛」

母親雖然自以爲是無條件的付出，但因爲自我界線不夠明確，無條件的愛很容易就轉變爲有條件的愛。簡單來講，因爲太在乎的關係，孩子就成了父母自我生命的延伸，甚至孩子的未來比關心自己的生活還重要。

假如「**人我界線明確**」，父母會去尋找自身人生的意義，追求豐盛而多采多姿的生活模式，而不是把一切都押注在孩子身上。正因爲父母沒有自己的生活，只能借用孩子的生命來寄託自己的未來，界線就變得模糊了。此時，不管自己再怎麼克制，終究免不了套上有條件的愛。

「那我該怎麼做？」這位母親問。

「想想你們夫妻倆還沒有小孩以前的生活。回憶一下你們相識時的飯局，一同參加朋友的聚會、相伴出遊的時光，以及旅程裡看過的日出、碧波萬頃的群鷗翱翔、享用美酒的晚宴、倆人溫泉的靜謐、落日躺椅邊的促膝長談，試著訴說兩人對於未來的夢想、聊聊彼此的心情，找回原來的自己。當你們不需要爲小孩做什麼卻依然可以感到快樂時，給出去的，就必然是無條件的愛了。」

「我不太懂，爲什麼我們只顧自己，卻反而能給出無條件的愛？」

「因為你們已經滿足了，因此，只有剩餘的喜悅才會分享給小孩，這些都是多餘的滿足，正因為多餘，即使有限度，卻是無條件的；相反地，當你們越是為了小孩而活，內心就越容易產生不平衡，而且總會希望從孩子身上要求一些回報，這是人性，並不容易克服，而這樣的愛雖然無限度，卻是充滿條件的。」

這位母親似懂非懂的、愣愣地望著我，或許她需要很長的時間，才能明白我的意思。

## 在「有條件的愛」之下成長，孩子將產生的焦慮

然而，對於那些活在充滿「有條件的愛」下的小孩，他們肩頭的負擔太過沉重，更慘的是，他們還不能訴苦，因為只要這麼做，馬上就會有人教訓他們：「想太多。」「身在福中不知福。」「人窮得只剩下錢。」——

這些可怖的心靈雞湯，反而讓溺水的人更加受傷與壓抑。

這些「好命」的小孩容易在一生中不斷追逐著卓越，拉高自我期待，以不負父母的教養之恩。結果導致他們的自我評價始終抬不上去。

當他們被別人肯定、成功申請到志願學校，或是取得某些優秀的工作機會時，**所有的「好運」通常會升高自我期待**——因爲他們會認爲：「當自己順風順水，如果還不能有相對應的成就，那將會多麼丟臉！」反之，如果事情並不如預期般地順利，或是遭遇現實的打擊，甚至受到別人不留情地否定，自我評價便會快速下降，因爲他們認爲自己已經蒙受如此多人的關愛，使用了這麼多社會資源，顯然是自己太不爭氣、不夠努力，所以才會失敗。

成功了，便拉高自我期待；失敗了，則貶低自我評價。不難想像，在「有條件的愛」底下成長的孩子，容易覺得自身表現比別人差、擔心眞實的自己不被人喜歡、習慣將價値感交由他人來定義，或者受到外在權威

（像是父母、師長、主管）評價的影響，他們會盡力去符合他人的標準，只爲換來一句：「你表現得眞好。」「你很棒。」「你好厲害。」而這些對他們來說就是「我愛你」的意思。

長期下來，會導致他們「自我期待與自我評價之間的距離」越來越遠，壓力也就越來越大，進而需要使用更多完美主義的調適機轉來減壓（包含更加努力、反覆修正、過度討好、拖延等等）。到頭來，在外人眼中的幸福，卻成為完美主義人格的溫床。

與此相對的，「無條件的愛」卻沒有這樣的問題。由於界線分明，每個孩子都知道父母有他們的生活要過，也知道自己能分配到多少（有限度）的愛，然而，孩子卻很清楚：**眼前所分配到的愛，是真正屬於自己可以自由支配的愛**，不管他們要怎麼發揮，就算決定要把它們都丟掉（例如：有些人奉行「躺平主義」），父母也不會介意，因爲父母有自己精彩的人生要過，根本不會把自我成就跟孩子的人生綁在一起。

孩子過得好不好，父母的人生都一樣豐盛，既然如此，孩子躺平要給誰看？孩子反而會以父母的生活爲榜樣，一起積極奮鬥，練習怎麼過生活，大大方方拿取父母給予的有限資源（反正也不多），自食其力地開創自己的人生。當有所成就，就是眞正自己努力的結果；即使一事無成，父母也會一樣愉悅地接納自己——因爲父母自身的生命就夠精彩了，根本不會把孩子當成跟親友比較的工具。

倘若有幸活在「無條件的愛」的環境中，自我期待是不需要拉高的，自我評價也相當高，兩者既然一致，又何來焦慮可言？沒有焦慮，也就不會出現後續的完美主義調適行爲了。

隨著經濟發展，「有條件的愛」的本質雖然沒有改變，但是「條件」的內容卻越來越不明確，是近年來許多完美主義者背後的成因。

# 自卑感將造成——今天的你必須更加努力

心理學大師阿德勒的個體心理學，是最早對完美主義進行研究的學說。其著名的「自卑與超越」假設，是傳統完美主義的主要解釋。

人生在世，終究有其差異之處，透過比較，人們可能自覺到不足，因而感受到自卑，並且努力克服其缺陷，不停追求更優秀的表現。這個「缺陷」，不是絕對而客觀的，反倒是帶有高度主觀的成分，完全視當事人如何詮釋而定，當然，也高度受到主流文化價值與身邊親友的影響。

比方說，一個忠厚老實的國中生，其不善於作僞的態度，可能被某些師長稱許爲「誠實」，卻可能在同儕間被視爲「沒用」、「呆」、「笨拙」。倘若其成績表現符合成人世界的遊戲規則，他可能被師長高度肯定而繼續認可自己具備誠實的美德，而非缺陷；倘若其成績糟透了，而他又恰好置身於升學導向的學校中，他遭到老師排斥的機率便容易上升，他則可能認同身邊同儕給予「又呆又笨」的自我意象，將它視作一個亟待克服的缺憾。

總之，缺陷是高度主觀的，受到自我意象、環境、親友、主流文化等等的影響至深——同樣的特徵，在小武眼中可能是一生最難以啓齒的糗事；對小顏而言，卻成爲了聊天時的一個笑料。人們主觀解讀著所有經驗，然而，一旦認定自身有缺陷而感到自卑後，所產生出來的反應，卻有著相似的部分。

## 阿德勒眼中的「優越感」與「自卑情結」

首先，解釋一下阿德勒心理學的基本概念：自卑與超越。人們正是透過試圖超越自卑感，而產生成就的動機，爲的就是超越那與生俱來的自卑感。在這樣的狀況下，人們對於該缺陷相關的議題會致「敏感化」，其他的事物卻可能出現「代償性的去敏感化」。簡單來說，人們會特別關注在**與自己自卑相關的議題上，並且變得特別敏感**，然而，人的注意力是有限的，當特定議題被敏感化後，對其他議題也就不再那麼關心。以某種意義來看，人是高度個體化的，每個人都是獨一無二，而且是用主觀的態度在解讀經驗的。

舉個例子，一個從小經常被父母拿去跟其他表兄弟姊妹做比較的女孩，她可能高度專注於拿獎狀、比賽全國第一名、考上名校、出國留學、到外商大公司工作等等。然而，如果問她哪家咖啡店有什麼特色、跟同儕比美比瘦比衣服比包包；或是誰談戀愛、誰分手等等的八卦，她卻一點也不感興趣，甚至嗤之以鼻。

人們總會深陷於自己關心（或自覺不足）的方面，卻忽略自己不在意的（甚至想都沒想過自己是否不足，如果有，好像也不那麼重要）。就上述例子來說，女孩可能很在意自己當年報考北一女落榜，儘管後來還是上了臺大，但那依然是個缺陷；她身上的行頭多半是過季款，比較便宜，雖不差那個錢，但她捨不得花在這些「無謂」的地方，因爲她實在沒興趣每天穿著時髦去跟朋友們比拚誰的男友帥、誰的造型更搶眼。「輸了就輸了，老土就老土，嘴巴長在他們身上，要怎麼說隨便他們高興。」不難感受得到，她對物質生活一點都不感覺匱乏，也不覺得有缺陷，更不會因此感到自卑。

很有意思的是，她可能因爲比較不在意外在條件，反而能得到更自然的發展，沒有受到扭曲的同儕競爭所影響，讓她在穿著上更能做自己，而且與多數同學都保持良好的人際關係，是個讓人相處起來舒服的女孩——只有跟她一起做報告的同學是例外，因爲他們被她對分數的瘋狂追求與龜毛、高標準，搞得全組人都精疲力盡。

也就是說，儘管人們總在某些方面爲了自卑感而努力尋求超越，卻不會

「全面開戰」——在所有面向上都試圖堅守己見。除非已經到達病態，自卑感太深，遭到波及的領域太廣，則可能出現相當大幅度的好勝心。

再舉一個例子。與知名藝術家相處的工作人員往往形容自己活在地獄，因爲他們面對的是一個擇善固執、沒有談判空間、絕不讓步的完美主義者；然而，這位藝術家非關本行的朋友，卻又能與他們結成莫逆之交，在某些朋友眼中，藝術家只不過是個羞赧、不善於交際的普通人罷了。

這也進一步說明了，爲對抗自卑感而產生的完美主義，通常不會是全面性的——相反地，往往在某些方面人們會呈現高度完美主義，但在另外一些領域，卻變得輕鬆隨和，沒太多意見。

此種「**選擇性的完美主義**」，也是自卑與超越所引發的完美主義的特徵之一；相較之下，如果是「有條件的愛」所引發的完美主義，通常較爲全面，面對不同議題的態度也比較一致。當然，實際情況可能無法分辨得這麼明確，畢竟完美主義的成因可能同時存在。

## 自卑感對自我期待與自我評價的影響

在此必須強調，「有條件的愛」產生的是內心的債務，並不涉及我們對自我價值的貶損；但「自卑與超越」會直接傷害到人們的內在價值。

如果進一步去分析自卑感是如何產生完美主義的，可從三個角度來看。

### 【提高自我期待的動力來源】

首先，自卑感非常容易造成「自我期待的提升」，原因分成兩個：最直觀的效應是，所謂「自我期待」，指的是人們怎麼從今天的自己看明天的自己。當今天的自己有缺陷（自卑），人們很自然的，會把期望放到明天的自己，透過提高明天自我的表現，來代償性地滿足今天自己的不足之處。**自卑感越強，意味著今天的自己就更需要努力，讓明天的自己有值得炫耀的地方。**

然而，第二個效應會更明顯，也就是自卑感的增加，會讓人產生一種心理：在被別人否定或貶抑之前，先行否定與貶抑別人，以降低別人在我們心中的分量，進而減輕對方負面評價對我們造成的影響。最常見的例子就是當朋友失戀時，大家在不知道如何安慰時，常說的往往是：「那個爛人講的當然都是對你不利的鬼話，你爲什麼還要去在意他說你什麼？」

這就是試圖透過否定對方（說話的人），來把對方講的話也一起否定掉，以避免受到影響。

同樣的心理，在自卑感強的人身上非常容易發生，等同於給自己先打了預防針，到時候萬一聽到批評的話，就不會那麼受傷了。嚴格來說，這是一個有效緩解挫折的方法，但不見得妥當，因爲對方都還沒開口，你怎麼知道他的評價是肯定還是否定？事先貶低對方，固然聽到負評時比較不會那麼心痛，但也可能錯過了他對你的肯定。沒有肯定，自卑感強的人又要如何重建信心呢？

更糟糕的是，不斷預防性地「搶先一步」否定對方，還會讓人際關係更加惡化，造成「自大」的形象，這也就是人們常說的，「自卑太強會造成自大」的緣故。

而自大一旦形成，就會倒轉回來要求自己——因爲別人表現得也許不差，但你不分青紅皀白就把對方的價值給否定掉，換你表現時，可就不能低於對方，如果自己連對方的水準都觸及不到，那豈不是相當於你比「自己否定過的人」還遜！因此，自卑感一旦轉化爲自我膨脹，接下來就會爲了怕丟臉，不斷給自己施加壓力。

總和上述兩種效應，自卑感是**提高自我期待**非常強烈的動力。

**【造成自我評價降低】**

其次，自卑感也很容易造成「自我評價的下降」，因爲「自我評價」指的是此時此刻你對自己的價值感，一旦自卑，直接影響到的就是此時此刻你對自我的評價。當然，自我評價的下降就在所難免了。

## 【不斷追求更好的自己】

其三，則是在內部焦慮與調適策略方面。帶著自卑感而來的完美主義者，驅動其精益求精的動力來自於佛洛伊德精神動力學中的死之本能：摧毀眼前這個不夠好的自我，打造一個更好的自己，也就是「更新」、「求新求變求好」的動力根源。這個死之本能，形成了完美主義者最常見的調適機轉——對於作品始終不滿意，修了又修，改了又改，也是困擾最多完美主義者的行為之一。

當然，因為自卑的存在，也就會衍生其他的調適機轉，無論是討好、尋求認同、快速轉移陣地、詆毀原目標，其背後的心理機轉都是一樣的。為了維護良好的自我感覺，對抗那無止盡的自卑感攻擊，完美主義者必須不斷採取各種調適策略來保護自己，以減少焦慮。

自卑感讓人永遠期待明天的自己會更好，卻始終無法滿意今天自己的成就。幾年前，一位小有名氣的年輕導演就說：「只要試映會接近，我壓力就會爆表，生恐再過幾天，會有人對我搖頭，說：『你已經拍不出更好的是嗎？』倘若試映會大受好評，我的情緒就盪到谷底，心裡只想著：那我以前拍的那些浪得虛名的垃圾，怎麼會有人叫好啊？」

總結來說，自卑感的轉化方式有很多種，而且自我肯定感相對於「有條件的愛」所導致完美主義者會低很多，所以由此衍生出來的完美主義形式千變萬化，而多數會以「反覆檢查修正」來呈現，但是也不乏表現為：「討好與尋求認同」、「畫更大的大餅」、「拖延」、「轉移陣地」與「直接情緒宣洩」的不典型完美主義者。

## 經歷「習得的無助」之後，逐漸自我放棄

然而，在一些特例狀態下，我們會看到超越動機的耗竭，也就是所謂「習得的無助」。倘若懷有強烈的自卑感，因此衍生的超越動機極強，人們會不斷採取行動，以試圖改善現狀，讓自我感覺較為良好。倘若人們在當時的教育條件、經濟條件、就業能力、環境支援等要素都無法配合，那麼，一切努力都終歸於失敗——不管他有多努力。

到最後，被激發起來的強烈動機會逐漸枯竭，而喪失驅動行為的能力。**原有的自卑感，就再也無法得到超越的機會**，必須透過其他的情緒轉化出去，例如：憤世嫉俗、行為偏激、躺平主義等等。因為當事人既然從諸多失敗中，「學到」了自己無法成功的事實（儘管他不知道問題在於他缺乏對整體事務與現實感的掌握），他就必須找一個理由，來解釋自己為什麼如此失敗。很多的社會問題，例如：貧富差距、社會不公、財富世襲等等，都可能成為替代性的解答。

由此我們便能理解，爲什麼有人先前仍是個完美主義者，在一次次打擊後，卻變得頹廢、萎靡、退卻、事事裹足不前，衛生習慣邋遢或不修邊幅，甚至不出門、在家啃老，跟先前的個性截然不同。就是因爲透過上述的「習得無助」，超越動機已然耗竭所致。

## 現代多軸向模型

現代多軸向模型並非一個單一、有系統的、對於完美主義成因的理論；相反地，它是一個讓各種研究可以在上面盡情發揮的「基礎建設」：後續的學者利用這些多軸向模型，就能透過統計學方法與量表等測量工具，對完美主義與其影響進行實證化研究。

這是一個發展不久的研究領域，重要論文幾乎都在一九九〇年代以後的三十年間發表，內容比較艱澀，也沒有定論，如果你在閱讀上感到吃力，可以逕自跳過，並不妨礙本書的連貫性；反之，如果感興趣的讀者，本節後面會介紹延伸閱讀的索引。

撇開複雜的研究數據與統計工具，現代的多軸向模型可以說是奠基在兩個重要的研究之上——首先，一九九〇年有學者提出了「六軸向模型」，他們認爲，會影響完美主義的因素有六種，包括如下：

- 個人標準（personal standards）：內心對自己設下的行為準則過高。
- 對於犯錯的在意（concern over mistakes）：表示人們對於行動失敗時在意的程度。
- 對於行動的自疑（doubts about actions）：對於行動是否能有效被執行的自我懷疑。

- 父母的期待（parental expectations）／批評（parental criticisms）：人們受到父母的期待與負面評價的影響。
- 組織化（organization）：指的是個案能否融入社會、被組織化、功能化的能力與程度。

其次，大約在同一年晚些（一九九〇～一九九一），其他學者也提出了「三軸向模型」，他們認爲完美主義可分三個不同軸向：自我導向（self-oriented）、他人導向（other-oriented）、社會授意（socially-prescribed）。

所謂的「自我導向」指的是個案本來就預期自己是完美的；「他人導向」個案預期別人是完美的；「社會授意」是個案相信別人會期待自己是表現完美的。

隨後，Frost在一九九四年再次提出了兩優位軸向模型，把前述模型加總起來的九個軸向改以要素分析，整併到兩個「優位軸向（higher-order dimensions）」中，包含如下：

完美主義的追求，有四個要素：個人標準、組織化、自我導向、他人導向。這個軸向的特質通常都是強而有力的行動派的、社會化的、按照自我意願而追求完美的，因此有研究顯示：與良好情緒呈正相關。

完美主義的擔憂，包括五個要素：對於犯錯的在意、對於行動的自疑、父母的期待、父母的批評、社會

〔Frost 兩優位軸向模型〕

| 兩大軸向 | 對應要素 |
|---|---|
| 完美主義的追求（Perfectionistic Strivings） | ・個人標準。<br>・組織化。<br>・自我導向。<br>・他人導向。 |
| 完美主義的擔憂（Perfectionistic Concerns） | ・對於犯錯的在意。<br>・對於行動的自疑。<br>・父母的期待。<br>・父母的批評。<br>・社會授意。 |

授意。因爲這些都是爲了別人而追求完美，有研究顯示，此軸向與憂鬱有正相關。

## 完美主義的追求與擔憂

從字面上來看，「完美主義的追求」包括的內容，無論是個人標準、組織化、自我導向、他人導向，都是一種光憑自己努力，就能夠追求的事物，個案在意的是自己的表現，而不是別人的看法。想當然耳，受這個軸向影響的完美主義者，當然會比較正面，情緒積極，比較社會化，有相對良好的出路。

反之，「完美主義的擔憂」包括的內容，無論是對於犯錯的在意、對於行動的自疑、父母的期待、父母的批評、社會授意，都是擔心評價、害怕犯錯、自我懷疑，差別只是評價與批評是來自父母或他人，但效果都是負面的。受這個軸向影響的完美主義者，通常會比較負面，情緒多變化或容易憂鬱，社會適應不良。但——眞的是這樣嗎？

這就是現代實證心理學的特點。大家都這樣想，說起來好像也沒什麼不對，但是沒有經過統計學驗證，無法歸納出事實一定就是如此。因此，不同研究者就設計了一些量表來量化上述那些要素，例如：透過一定標準化的量表測量，才能說明個案確實有「個人標準」這個特質，可以接著後續的研究。

而研究者就開始在此之上建立自己的理論，並利用統計學舉證，例如：在動機理論研究中，有三篇論文的統計結果發現，受「完美主義的追求」影響的個案與動機上「希望成功」有正相關。

因此，多軸向模型是現代心理學對於完美主義研究的基礎架構，每年有大量的研究以此爲基礎進行模型的建立，其中，也有不少新的理論被提出，再次引發了更多的研究風潮。由於這些理論較爲複雜，本書將不會一一詳述。

雖然至今，現代多軸向理論能夠清楚詮釋的完美主義仍然有限，還沒有辦法自成一家之言，我們也難以透過多軸向理論把完美主義用另一種角度勾勒得更加立體，甚至得不出簡單有力的結論。然而，現代多軸向理論確實建立了良好的研究基礎，在研究對象的擴增、工具的創新、理論的完善之下，相信終究有一天，有系統性的結果將會慢慢產生。

**延伸閱讀**

倘若對這部分的研究感興趣，卻苦於研究論文太多，不知如何下手，推薦閱讀《The Psycholcgy of Perfectionism: Theory, Research, Applications》，作者是Joachim Stoeber。它是一本心理學的教科書，每一個章節都是由不同學者群撰寫。該書收集了近二十五年對於完美主義研究的論文回顧，內容完整且文獻索引齊全，適合對完美主義感興趣的研究生，或是心理工作者閱讀。

## 沒有比較好或比較壞的完美主義

本章的最後，我們仍然需要提醒：倘若大家到網路上搜尋，會發現不少文章（主要是外國網站）引述多軸向模型的特定研究，斷章取義地歸納出所謂「好的完美主義特質」與「壞的完美主義特質」，並建議讀者改掉不好的完美主義特質，轉而學習好的特質。

事實上，並不能從統計結果去推論個人狀況，也沒有特定哪些完美主義特質必然比較好。舉個例來說，就像被諸多研究支持的「完美主義的追求」與堅毅的個性、果敢的行動、較強的執行力、與較穩定的情緒有關，但一個過度追求完美主義的人，照樣會產生問題，例如：剛愎自用、不好相處、容易給別人壓力，造成人際之間的衝突，這些衍生性問題都不會被初始研究所考慮到。反之，「完美主義的擔憂」固然容易讓人想太多、缺乏自信、情緒容易低落，但它也讓人更加有親和力，遇到問題時，更願意反求諸己，自我檢討，重新出發，長時間下來，謙遜的態度反而可能成爲累積成功人脈的基礎。換句話說，這樣的人可能眞的比較內向、沒自信、容易沮喪，但在人生的旅途上，每逢出現危難時，願意伸出援手的朋友卻相對較多，逢凶化吉的機率也更大。

## 與真實的自己和解

因此，對於完美主義者來說，最重要的是：**認識自己**，發揮原有特質的優點，而不是一味想要改正「不好的一面」。坦白說，只要能夠與自己的完美主義共存，讓它成爲你的助力，任何特質的人獲得幸福的機會都是均等的。

生命的起點，本來就不一樣，從你意識到自己的存在的那一瞬間開始，你的名字、性別、基因、成長背景、教養環境等等，過去的一切都已經被決定了，就像接手打到一半的牌局，不管好與壞，我們只得繼續打下去。瞭解完美主義的成因，並非說明問題不可改變，事實上恰好相反，當你背負著這一切都還能活到今天，就足以證明你已經超越命定，得到改變的機會。只要對自己瞭解得越深，走上坦途道路的希望就會越大。

Chapter 3

# 如何與你的完美主義和平共存？

我們都受到完美主義的庇佑，儘管它造成了無數人的困擾，但不容否認的是：我們需要「它」。要善用其力量，就不能一味地用意志力「改正」它，更不需要拚命討厭它或抵制它，甚至恐懼它。

說了太多完美主義可能帶來的困擾，免不了讓人對號入座，想著：自己是不是也有這個「問題」？

在釐清之前得先強調，完美主義是有其社會因素的，不僅是個人課題而已——我們可以輕易在電視訪談中，閱聽到某位企業家侃侃而談自己童年時是多麼辛苦，靠著努力與種種堅持，才有了今天的成功；但在螢光幕前幾乎看不見任何一位勞苦終生，卻敵不過命運多舛、終日以酒澆愁、衣衫襤褸的中年「失敗」大叔，更遑論聽他講述跌宕起伏的人生（儘管後者可能更貼近社會大衆與眞實景況）。

成功永遠被大作文章，而努力卻默默無聞的人則被隱沒了，所有社會控制工具，諸如：學術、傳媒、政治、文化、教育，一切都掌握在成功者手裡，造就了龐大的生存壓力，讓人們認爲自己不夠努力，在競爭氛圍下感覺喘不過氣甚至隨時會滅頂——其實這正是來自大時代所造就的完美主義傾向。

# 完美主義不是一種缺陷

可能很多人會好奇，對現代人來說，完美主義屬於一種疾病嗎？或者說，有完美主義的人跟別人相比，是否「不正常」，甚至「不好」？

這個問題的答案，得從我們看待完美主義的角度來理解。

由進化論的觀點來看，物競天擇、適者生存，倘若完美主義是一種病態，以致於會減損個體的功能，那麼，在長遠的演化歷程中，具有完美主義特質的人應該居於演化弱勢的地位，容易被淘汰，甚至可能因爲缺乏競爭力而向下沉淪*。

想像一下，假設世界上的成功者都如科幻片中的ＡＩ機器人，完美無瑕、樂觀進取、積極向上；沒有任何負面情緒，不會難過、不會犯錯，就算遇到打擊，也能像電腦一樣理性，既不會有過高的「自我期待」，也不

*註：根據統計，缺乏競爭力的人往往擇偶條件較差，導致他們只能與一些社經地位差的對象繁衍後代，下一代更難擁有足夠的資源，並透過教育等方式改變自身階級，繼續與其他弱勢基因共生。

會有過低的「自我評價」，不知焦慮爲何物……這顯然違背我們的經驗法則。由此可知，完美主義必然有某種功能或價值，讓具備這項特質的人，繼續享有某些競爭優勢而不被淘汰，確實在不少成功者身上，我們能找到頗多完美主義的特質。

## 完美主義的價值

一如憂鬱症容易發生在富裕的高度開發國家裡，更甚者，越低等的動物越不容易出現憂鬱的現象——雖然我們不明白憂鬱的功能何在，但存在者必有其因，不應該輕易否定憂鬱的價值，只把「樂觀」、「向前看」、「想開點」等視爲心靈的解藥，否則可能會使憂鬱更加惡化。

完美主義也一樣，它讓我們擁有更好的競爭力、有效地提升工作成果、對人對事更加盡責、得到社會認同，而如果我們要善用其力量，就不能隨意將之扣上「疾病」的帽子，一味地想用意志力「改正」它。

◇

本書是建立在「非病理視角」來看待完美主義的。簡單來講，倘若你這一生就是得跟完美主義打交道，那你應該做的是想辦法與之和平共存，接納自己的完美主義。接下來的功課則是——進一步做到「引以爲用」——駕馭它，讓完美主義成爲你在人生路上的一大助力，而不是阻力。你更不需要拚命討厭它或抵制它，甚至恐懼它。

我們不妨想像一下：要是醫學界發明了一種仙丹妙藥，吃了之後，人類就再也不會追求完美，從此，維修人員就把「差不多」的零件裝上你要搭的飛機或汽車；會計師事務所把「差不多」的帳本送交稅務機關；餐廳廚師在你看不見的地方把「差不多」的食材放進料理中……你敢想像那樣的世界，或活在其中嗎？

我們都受到完美主義的庇佑，儘管它造成了無數人——或許也包括你我在內的困擾，但不容否認的事實是：我們需要「它」。因此，接下來將會先說明如何讓不同人格的人面對自身的完美主義，進而能活得更輕鬆，並且獲得更大的幸福。

## 【C型人格（追求安全型）——善用團隊與權威的連結】

C型人格容易陷於典型的完美主義困擾之中。基於人格特質，具有權威地位的人所給予的建議或是群眾的共識，對於C型人格的影響比較大，此效應對於緩解焦慮一樣有幫助。

舉例來說，當C型人格的員工陷於完美主義的焦慮時，一位他所認識、願意信服的長輩、長官、主管、老師或權威安慰他的話，通常比一般辦公室同事的安慰來得有效。

同樣地，當一群人都認同且支持C型人格時，效果也遠比一個人來得好。有趣的是，來自親密關係的肯定，對於C型人格來說效用並不高，還不如一群外人或朋友的讚美來得有用。

之所以會發生這樣的現象，是因爲C型人格者太在意社會約定俗成的價值，更在意別人如何透過這樣的價值看待自己；再加上他們缺乏個人的鮮明色彩，很難說出諸如：「選這個，沒別的理由，只因爲我喜歡，誰有意見請他來找我。」但這並不意味C型人格者沒有主見，而是恰好相反，在工作上，幹練的C型人格通常懷有自己獨特的看法，關鍵在於C型人格需要充分的「社會客觀理由」，以及「大衆普遍接納」、「在理性上無懈可擊」的事前準備後，才敢形成自己的見解——而不像B型人格那樣，可以如同藝術家似的，憑藉一見鍾情、相見恨晚、剎那間的情緒悸動，或個人當下的喜惡就可以站穩立場、堅持到底。

從一個很小的地方，就可以看見C型人格深受社會價值系統的影響——坊間不少寫給一般讀者（多數爲C型人格）的心靈雞湯中，文句不乏會出現名人語錄，像是：「培根曾講過，同情是一切道德中最高的美德。」「托克維爾在過去曾說，生活不是苦難，也不是享樂，而是我們應當爲之奮鬥並堅持到底的事業。」等等。C型人格並不習慣於把自己認爲有道理的文詞直接寫出來，非得引用某個歷史名人的經驗，來爲自身的想法背書。當引述的人來頭越大、越是有名望、道德操守越良好、對人類越有貢獻，這些道理在C型人格的眼中，也就越有分量。

不過，說了這麼多特質，C型人格倘若想解決自己的完美主義，第一件功課卻是：**暫時跳開「如何改善完美主義」這個問題**。接著，好好想一想，自己是個什麼樣的人——就如蘇格拉底所說：「認識自己，是解決一切問題的起點。」

其中的原因很簡單。因爲C型人格完美主義者的行事作風，容易遇到課題就一頭栽進去，盡力蒐集所有與該議題相關的資料，以及向自己認識的專家尋求協助，一心渴求著找到具體、肯定、有根據、可照表操課的最佳解法，來把該課題完全破解。

這個行爲模式正是讓C型人格完美主義者最容易產生瓶頸、鑽牛角尖的地方，因爲絕大多數的課題，其最佳解都是不存在的。不同權威各有相異的說法，不同資料也往往彼此矛盾，詢問再多，引述再多，只會讓自己更迷惘、更焦慮，深知不管做出哪一個選擇，下一秒都有可能想到另一個更好的安排，反而讓自己越來越懊惱。

因此，不管提出任何具體改善完美主義的做法，C型人格完美主義者都有可能會立刻把它變成教條。若非反覆求證，就是嚴格執行，導致自己身心俱疲。比方說，可能會因爲效果不如預期而感到失望，並且迫切想要向新的權威尋求幫助，內心卻又擔心問題出在自己不夠努力，反而更加徬徨不安。

簡言之，C型人格完美主義者「不要急著想做事」，先回過頭來想想「自己怎麼做人」的，才有機會破解完美主義加諸於身上的魔咒。

像是：想想爲什麼自己這麼吹毛求疵，明明個性保守，冒險精神也不足，同事依然喜歡你？老闆還是器重你？想想你對自己有一堆抱怨與不滿，那爲什麼朋友還是喜歡跟你相處？也有人願意在私底下支持你？你吸引了這麼多人的關愛，而且很多人（通常是朋友）都對你付出無條件的愛，其實他們大可不必這麼做，因爲這對他們一點利益也沒有。然而，他們卻不求回報地這麼做了。

雖然有些人是因爲你的努力付出，等著收割你的勞動結果，但除了這類型的人以外，一定有其他人用另外一種眼神看待你。也許是欣賞，也許是傾慕，也許是敬佩，也許是更多你未曾在自己身上看見的可能性。

身邊的人爲什麼能夠這樣接納與包容？因爲你聰明嗎？善良嗎？樂於助人嗎？即便如此，這些跟他們欣賞你有什麼關係？

對於一個C型人格完美主義者而言，只要能回答得出上述的問題，並且坦然接受自己的答案時（例如：我就是可愛，別人捨不得罵我，不然你想怎樣），便會很自然地發現，完美主義的特質漸漸離他而去了。

如果你還是覺得這做法太抽象，或是亟需一個具體可以操作的行動指引來調適心態，建議你可以嘗試看看以下三個方法。

## 日記法

每天花半小時，在日記本或備忘錄中寫下自己「當天正在煩惱的事情」，門檻在於，每天都得記錄，並且持之以恆。之後大約每隔半年到一年拿出來翻閱，你有可能會發現，自己過去所焦慮的問題，並沒有造成太嚴重的麻煩，甚至那些不切實際、關於未來的擔憂，你其實都有能力可以克服。

在經歷痛苦的當下，我們總覺得這些痛既真實又漫長。然而，你也不需要立即否定自己的感受，只要如實地寫下來就好，給情緒一點空間與時間流動，並相信這一切終究會過去。

## 訪談法

把你認識的人，像是師長、朋友、同學、長輩列出來，每週選擇一位去拜訪或者一起吃頓飯，試著跟他們聊一個主題，比方說：「我正在進行一個自我探索的課程，你方便告訴我，就我們的相處時間觀察下來，你覺得我是什麼樣的人？」接著，把你聽到的記錄下來，注意那些出乎你意料、不尋常的回答，很多情緒、往事、喜悅、甚至傷痛往往埋藏在裡面。

說來你也許不相信，當你問得夠多，腦海中就會有個念頭慢慢浮現：「原來我曾經是這樣的人，不用緊張兮兮也能夠活到今天，為什麼今天的我會變得整天提心吊膽，經常感到害怕呢？」

## 小說撰寫法

這個方式適合平時有書寫或閱讀習慣的人，若否，你也可以用錄音的方式。方法如下：當你決心接下某件高強度的差事時，你就記錄另外一位主角，跟你同名同姓，在故事中，他拒絕了接受這份工作，然後遇到了不一樣的結局。

注意一個重點，他是你人格上的孿生兄弟姊妹，你不可以陷害他，所以他的結局可以不一樣，但是不能比你差。隨著時間過去，小說也越寫越長，你可以跟文中的主角對話，一起討論彼此的生活，計畫著可以如何幫助對方，共同解決這個完美主義的問題。

## B型人格（渴望認同型）——從認識自己到收斂心神與放空

B型人格者的焦慮經常說來就來、說走就走。來的時候，焦慮值會直接到達臨界點，讓人感覺自己快要撐不下去了，心情糟糕到不行，講起話來不是沒耐性，就是一副無精打采的樣子，彷彿天塌下來了一樣。然而，轉移一下話題，或是睡個好覺，他們又忽然回到原來的雲淡風輕，臉上也恢復了笑容。周而復始，一個禮拜有七種不同的心情是很稀鬆平常的。經常本人可能還沒自覺，一旁的伴侶或家人倒是被搞到快要精神崩潰。

B型人格者容易深陷在各式非典型的完美主義行爲中，如同第一章提過的，像是：討好與尋求認同、快速轉移陣地、貶低原目標與拖延，每種行爲衍生出來的情緒又各自不同，因此，B型人格的焦慮形式非常複雜，變化快速且難以捉摸，旁人即便想幫忙，也很難找到施力點。

換句話說，對於B型人格而言，處理焦慮問題的過程，幾乎可以視爲一場內心戲，**不要太期待別人能幫得了自己什麼，也無須責難別人不願意同理你**，因爲你的心思比海底針還難以覺察。與其怨天尤人、自憐自艾、感覺到不被理解或命運多舛等等，還不如先想辦法自救——如果你完全倒下了，別人即使想伸出援手也無法將你拉起身來。

B型人格完美主義者經常面對的困擾就是：周圍一堆好心的親友，七嘴八舌地想「同理」自己，幫你找理由，解釋事情沒做好的原因，不僅無濟於事，又搞得你莫名其妙變得惱羞成怒，越聽越不舒服。事實上，這就是「同理失敗」所造成的結果。B型人格完美主義者搞不定的從來就不是「事情」本身，而是自己的「心情」，包括：莫名的焦慮、恐懼、自疑、沮喪等等。之所以沒有辦法執行任務，並非問題很艱難，而是突然喪失了做事的動力。

B型人格完美主義者遇到瓶頸的感受，就好像一個技術嫻熟的駕車老手，在某次倒車入庫時因爲撞到一旁的車，之後幾個月，每次要倒車入庫，內心就會不自主地開始擔心：「我會不會又丟人現眼？」「都挑這麼好的位置，總不會再出錯了吧！」「先前那次眞的好尷尬！」「我到底是怎麼了？」焦慮、遲疑籠罩著你，身旁好友還立刻下車幫忙指引，連路人都跑來圍觀，這反而會讓B型人格者更加尷尬，一件小事被鬧成這麼大，朋友的好意在同理失敗後，更加證明了自己很無能。「臉都被這些人丟光了！」常常是B型人格完美主義者卡關時的第一個反應。

其實，同樣地，一切還是要回到最源頭：**認識你自己**。對於自身的人格了解越多，你就越能善待自己，畢竟，B型人格完美主義者的內心世界太寬廣，小劇場多到不計其數，不要太期待能被身旁的人所理解，試著搞定你自己吧。這是你的天賦，也是你無可取代的能力（別人眞的做不到），更是你的天命。

如果你想進一步了解B型人格的特殊思考方式與駕馭方法，可以參考《原來這就是B型人格》，在此，我就只講幾個比較重要的建議。

## 從簡單的挑戰開始培養節奏

首先，B型人格完美主義者很在意「手感」，執行事件時，假如前面都是順利的，後面就會一氣呵成。爲了做到這一點，挑選任務的難度便很重要。千萬不要眼高手低，選擇了自己沒把握或超出能力負荷的挑戰，寧可從「好上手」的任務做起，每一戰都贏，隨後就會勢如破竹。

## 與C型人格共同執行任務

其次，假如任務不是自己能選擇的，那就要求跟另一位C型人格的夥伴搭檔（不難辨認，就是你覺得特別死腦筋、做事一板一眼、不會變通的那一個），把他當作鋼琴架上的節拍器，或是把他想像成老媽子一樣，嚴格要求自己滿足這位夥伴的規定，說一是一，說二是二，把對方當成是自己的上司。

儘管你發現對方完全不了解你，可能會忽視你的價值，甚至踐踏你的人格，然而，想辦法討好他，完成他指定的任務，卻是激發你天馬行空的才華最有效的方式，而你們也才能確保工作如期完成。記得，對外講述時，要把所有的功勞都歸給對方，這麼一來，你的內心會因爲不甘心而保持最高的戰鬥力（請善加利用B型人格本質中，對於不甘心、忌妒、氣憤等負向能量）。

## 與其制定計畫，不如放手去嘗試

第三，如果沒有監督者，那就不必花時間去建立什麼工作計畫。因為B型人格完美主義者總喜歡建立一套很宏偉的工作計畫，然後棄置不管，隨心所欲地做事（或拖延）；相較在沒有監督者的狀態下，B型人格完美主義者更適合直接上陣，試著做點什麼，大膽假設小心求證，從做中學，問題會衍生更多問題，持續吸引B型人格完美主義者的目光，將自身能力發揮到極限。

## 情緒渾沌時，別急著下決定

最後，了解「多變性」就是自己人格特質的一部分，眼前所見的問題與當下所感覺到的焦慮不一定是眞實的，明天的你，則會擁有另一個看待事情的角度、產生新的靈感。

與其急著解決煩惱，不如靜下心來，想想該怎麼分割問題，將大目標切成更多小目標，並且按部就班地一步步完成，也不要想著如何做出讓人跌破眼鏡的卓越表現，平順地發揮就好。越是平常心，焦慮度才會下降。

了解到不同人格所需要的初步策略之後，接下來將從三個面向切入，包含：改善焦慮、處理過高的自我期待、提升過低的自我評價，來讓我們可以更好地和完美主義共處。當然，並不是所有的完美主義都可以被駕馭。其中，必然存在已經嚴重偏差，到達病態而無法自我調適的地步，我們要學會辨認，並及早求助於專業人士。

## 熟悉駕馭完美主義的方法——從改善焦慮開始

由於「焦慮」是觸發人類採取調適機轉的核心要素。所以，我們不妨把「焦慮」視為鍋爐中的柴火，升溫是可以的，但條件是：動力必須「有效率地」傳導到我們期待的方向。

其次，動力被傳導到我們所期待的「行動」後，是否能有效降低焦慮？還是會反過來進一步強化原始的焦慮？不管採取哪一種調適行為，只要操作不當，都有可能導致原始焦慮升高，特別是部分調適行為，如：「快速轉移陣地」、「拖延」等等，如果不加以修正，到最後都會無一例外地提升焦慮程度，使你的身心狀態更形惡化。

不同人格之間，焦慮上升的原因與速度也大不相同。撇開罕見的A型人格不談，C型人格的完美主義者（追求安全型）容易受到「**事件增加**」、

「**擔心表現不好**」與「**害怕失敗**」的影響，而導致焦慮程度上升，這是一種很務實的焦慮，每個人都看得出來，比方說，因為事情太多，擔心做不完或表現得不夠好，而導致壓力太大。

B型人格的完美主義者（渴望認同型）則容易受到「當下的心情」、「別人怎麼看我」、「我會不會被笑」、「別人就是要看我出糗」等純粹**情緒上的事件**而導致焦慮上升，剛好與C型人格相反，B型人格的焦慮幾乎可以說是內心戲，只要他不明說，身邊沒有人能感受得出來。

◇

舉個例子，C型人格的室內設計師小岩在很短的時間裡，接到了三件大客戶的單，他滿腦子都在想，該如何在承諾的期限內拿出最佳表現，同時滿足這三位大客戶的要求。我們也許可以提醒小岩：「你不需要這麼緊張，這三位大客戶之所以願意下單給你，某種程度就是對你的信任。」這樣的「**保證法**」對C型人格的完美主義者來說是有效的，因爲他的「自我評價」會拉高，並且更接近「自我期待」，他的壓力就會減輕。

至於B型人格的室內設計師小武，同樣在短時間內接到了三件大客戶的訂單，但他的想法就複雜多了：「該不會是我在簡報時表現太突出，所以讓老闆們誤以爲我很行吧？」「我眞的有能力做到這些嗎？還是我一直以來都在騙自己，或者不過只是運氣好而已，那如果這次好運用完了，是不是就要在業界身敗名裂了？」、「這三個大老闆是不是故意要測試我的能力？所以才同時下我的訂單？我要怎麼應對才好啊？」由於小武的情緒比較複雜，倘若我們以安慰小岩的方式跟他說了相同的話，小武可能會更焦慮，甚至想：「假如我太順利通過這次考驗，下次他們的要求一定會更高，那我之後該怎麼辦？」

可見，由於B型人格的不穩定性，每一個保證都會再衍生另一個疑慮，我們建議不採用「再保證」的說法，而是用「**轉移法**」，把言談從焦慮引爆點轉移到比較具體的事物。例如：「所以，你是怎麼讓那個難搞的老闆二話不說就把案子交給你的？」假如小武的焦慮被順利轉移了，他就會眉飛色舞地開始講起他的「豐功偉業」，最後，我們只要再補上：「要不要從這邊開始？我看你滿熟悉的。」問題大致就聚焦回工作了。

人格差異是導致「焦慮應對守則」多樣性的原因，不過，面對焦慮時，可以將處理的原則歸納如下。

## 對於焦慮的自我覺察

不是每個人都能覺察到自己的焦慮。有些人即便已經非常緊張了，他們還是會說：「我很平靜啊。」

這不一定是面子問題，而是有人眞的在成長過程中，沒有學習到「焦慮」是什麼樣的感受。畢竟，焦慮不是像「肚子餓」那樣，是與生俱來就知道的事，焦慮必須透過「學習」後才知道，就像我們也是透過小時候的經驗，加上各種知識管道，才學會那個晚上在天空出現的發光物體，不管長什麼樣了，圓形也好，半圓形也罷，通通都是同一個東西——月亮。而焦慮跟月亮一樣，雖然每天都會見到，形狀樣貌卻各不相同，焦慮也是需要累積足夠的經驗，才有辦法辨認出來。

在太過壓抑情緒的教養環境底下，焦慮很容易被視爲負面的東西，而不被容許存在，這樣的氛圍所造成的結果便是：在如此環境下長大的小孩，即使身處焦慮狀態，仍不明白這就是「焦慮」。他們可能會說自己呼吸急促、吸不到氣、心悸、手心冒汗、手抖、尿急等等，也可能轉而承認這是所謂的自律神經失調，其實，這些症狀的源頭就是焦慮。

覺察自我內在的焦慮，才有辦法監督焦慮的增減，這在學習焦慮的控制時，是首要學習的課題。

不妨每天找一個固定的時間，用最舒服的姿勢坐下，閉上眼睛，感覺一下，包含：自己的呼吸、心跳、手腳肩頸背腰的肌肉、胃腸蠕動、臉部的表情，試著讓每一部分都和緩下來。時間不必太久，五分鐘就好，如果你發現自己做不到、滿腦袋轉個不停，或者覺得這一切無聊透了，那麼，你感覺到的正是自己的焦慮。

## 長期性焦慮的控制

如我們先前所說的，焦慮是有其功能的，它會督促人們採取行動，也就是進行調適策略來解決問題。然而在三種情況下，這個自我調節機制可能會故障：

- 當事人慣常採用無效率的調適策略。
- 「自我期待」與「自我評價」的落差過大，導致焦慮值超出負荷。

・「超我」與「原我」的交戰狀態太久，「自我」功能太弱，稍有壓力，焦慮值就飛快上升。

不管是哪一種情況，都會導致焦慮如脫韁野馬，無可管控。最終結果，一方面呈現出來的是情緒的直接失控，例如：暴躁、易怒、砸東西、甚至動手打人等；另一方面就是所有調適策略的效率通通下降，讓焦慮調控更進一步失去平衡。

此時，我們就會處於一種經常性的焦慮狀態，有如一輛爬坡爬不上去的車，即便把油門踩到底，所有能量通通轉爲廢熱，車子卻紋風不動。

這時，我們有必要先進行「長期性焦慮的控制」，也就是俗稱的「減壓」，否則，問題還沒解決，人就先垮了，而且，在焦慮狀態下，我們根本無心進行更細緻的身心調節。

至於該如何減壓呢？以下提供四種常用的技巧以供參考。

## 【減壓方法① 養成腹式呼吸的習慣】

這是最基本、最輕鬆的減壓方式。

一般來說，容易焦慮的人會傾向採取「胸式呼吸」，也就是在吸氣的時候，肋間肌收縮，胸廓增大。從外觀上來看，胸膛挺起，胸骨上升，胸部向前突出，我們常說的「挺胸」，就是這姿態。當我們準備跳進水裡之前，深深的吸一口氣，胸膛挺起，就是「胸式呼吸」中的吸氣動作；吐氣的時候，胸部快速退回原位，就完成了「胸式呼吸」的完整動作。

胸式呼吸，是一種人類準備「要做些什麼」的姿勢，身體透過神經反饋得到的訊號，會以爲你正要大幹一場，因此，胸式呼吸速度是相當急促的。短時間讓大量的氧氣進入身體，將二氧化碳與廢物排出體外，會讓交感神經興奮，肌肉緊繃，身體處於備戰狀態。

倘若你正準備要跑百米、跳水或是其他運動，採取胸式呼吸是完全正常的生理反應；但如果你連坐在椅子上看書、吃飯或看電視，也採用「胸式呼吸」，那麼，你的身體就沒有辦法放鬆了。

事實上，有不少人就是因爲已經養成習慣，一直使用胸式呼吸，身體長時間處於備戰狀態，結果造成了焦慮的問題。

腹式呼吸則是一種截然不同的呼吸方式，最明顯的差異在於：吸氣的時候，胸部並不會向前突出；反之，橫膈膜下沉，突起的部位是肚子，而非胸膛。

這種呼吸方式，會傳遞給神經系統「此時此刻是安全的、屬於休閒時光」的訊號，因此，持續使用腹式呼吸，能有效降低焦慮程度。

如果你從來沒學過腹式呼吸的話，可以試著找一個舒服的、有靠背的椅子或沙發，肢體放鬆，自然地坐下或斜躺下，解開太緊的腰帶，閉上眼睛，一手輕輕貼在肚子上，想像肚子是顆氣球，慢慢用鼻子吸氣，肚子鼓起來，而後用同樣和緩的速度將氣從口中吐掉，肚子消下去；周而復始。

生理學上的原理很簡單。呼吸動作原本就是靠著兩組肌肉的運作來完成的，一個是肋間肌「收縮」，將肋骨與胸骨抬舉，胸部的容積增加，空氣會被強制進氣，也就是胸式呼吸；第二種是橫膈膜「放鬆」，往下推動，腹肌也得配合「放鬆」，腹部臟器自然往外凸出，空氣就自然進氣，這就是所謂的腹式呼吸。前者靠肌肉收縮引入氣流，後者靠肌肉放鬆。

然而，真正困難的地方在於，現代社會的觀感下，挺起胸膛這個動作，無論對男性或女性而言，都是一件被鼓勵的事，偏偏這也讓我們更習慣使用「胸式呼吸」。再加上無論在辦公室或教室，尤其是處於低頭閱讀或滑手機的姿勢下，或者身在社交場合，更難讓腹部擁有自由鼓起的空間。

也因此，即便學過腹式呼吸技巧的人，通常也將之束諸高閣，繼續用胸式呼吸來過日子，頂多是每天保留某個固定的時間，練習幾十分鐘，讓自己平靜下來。但我們期待的是「**長期性焦慮的控制**」，而不是練習時那短暫的平靜，因此，儘管會腹式呼吸的人很多，真正能受惠者卻鮮少。

在此，我們強調腹式呼吸是一種習慣，而不是每日固定要做的某種運動。倘若在初學的階段時，你已經能夠成功地做到用腹部呼吸，接下來的功課，就是恢復一般坐姿，繼續練習用腹式呼吸；再來，則是脫掉寬鬆的衣服，換穿上班的合身套裝或制服，練習看看是否還能使用腹式呼吸。

毫無疑問地，練習者通常會發現困難度上升。特別是在合身衣著的限制下，以及不想被別人側目的情況下，如何維持腹式呼吸？答案是，縮小呼吸的深度，徐徐地吸氣，讓氣體流向腹部以外的地方，例如：腰部、胃部等。事實上，隨著熟練度的提升，有經驗的腹式呼吸者可以將氣體平均分散到整個腹腰處，讓鼓起變得不明顯。到最後，幾乎成爲習慣，完全取代胸式呼吸，但又不需要刻意讓自己保持在什麼樣的姿態。

**養成腹式呼吸的習慣**——這是我們的期待，也需要長久的練習，當你發現自己完全不需要特別注意怎麼呼吸，但很自然地，腹腰就是會輕微鼓動：既沒有練習時的腹部膨出，也沒有鼓起的胸膛，那麼，你就成功向前邁進一大步了。

**讓腹式呼吸內化在生活中**

網路上很容易找到腹式呼吸的教學指引，通常還會伴隨輕柔的音樂，只要搜尋「腹式呼吸」四個字就可以了，嘗試跟著引導來加強自己日常的練習吧。腹式呼吸並不難，只要掌握到：吸入的空氣，不是透過胸膛的用力抬升，而是腹部的放鬆，讓氣體可以肚子的方向流動，那就對了。

## 【減壓方法② 肌肉放鬆術】

肌肉放鬆術有很多不同派別的做法，但大同小異。原則上，都是建議你先依序收縮特定肌肉，用盡所有的力氣，把它繃到最緊，然後再放鬆，重點在於體會那種緊繃與放鬆的差別，如果能夠學習如何區別緊繃與放鬆的差異，你就有能力讓自己保持在放鬆的狀態。

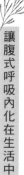

我舉一個常見的做法爲例：

1. 隨意找一張椅子坐下之後，緊閉眼睛，然後放鬆。
2. 閉上眼睛，皺起眉頭和鼻子集中在眉心，然後放鬆。
3. 咬緊牙關，然後鬆開。
4. 把頭挨向左肩，直至右邊頸部肌肉繃緊，再把頭慢慢移回原位。接著把頭挨向右肩，直至左邊頸部肌肉繃緊，再把頭慢慢移回原位。
5. 縮起肩膀，盡量貼近耳朵，接著放鬆。
6. 把手掌搭在肩膀上，把力量集中在上臂，然後鬆開，伸直雙手。
7. 雙手垂下，使手掌後掌心向內彎曲，手指盡量向上指向手腕，使前手背肌肉繃緊，然後伸直腕關節和手掌，放鬆肌肉。
8. 緊握拳頭，然後鬆開，直至雙手不需再出力。先右手，再換左手。
9. 深深吸一口氣使肺部擴張，收縮胸部肌肉，閉氣10秒，然後呼氣。

10. 深吸一口氣使小腹的肌肉繃緊，然後再慢慢呼氣放鬆，直至小腹逐漸恢復原位。
11. 低頭，盡量把下巴貼近胸膛，感到背部肌肉拉緊。再把頭慢慢抬起來。接著把手垂在兩旁，挺起胸膛，使背肌收緊，然後放鬆。
12. 雙腳伸直，腳掌向上彎曲，盡量靠近小腿前方，使小腿後的肌肉拉緊，然後把腳掌恢復原位，放鬆。
13. 雙腳平放在地板上，把腳趾向腳板方向屈曲，感到腳踝的肌肉拉緊，然後把腳趾恢復原位，放鬆。

開始練習時可以閉上雙眼，練習繃緊這些區域的肌肉，再慢慢體會放鬆的感覺。練習時不必過分強調表現，只要每天練習兩次，每次約15分鐘，大約兩個星期，你就能熟悉這項技巧。等到熟練之後，你會發現沒一會兒的工夫，你就能讓全身完全放鬆了。

## 【減壓方法③ 靜坐與冥想】

目前提供靜坐與冥想的課程，實在多不勝數，難以一一介紹，不過，基本原理都是透過禪定與內觀，讓人們把關注力在一定的時間內，從外界轉移到自己的身上來。

有些機構透過宗教的力量，加上清幽的環境，舉辦了相關營隊，如果身邊有參加過的朋友，分享的經驗良好，不妨可以一試。有些則是走比較正統心理學的路徑，擁有一定的學派基礎，你也可以請教熟悉的朋友或前輩介紹，嘗試看看。不過，由於這類團體太多，不免有些魚目混珠的業者，選擇時仍需多加注意。

時下在台灣流行的正念冥想，有不少的實體課程與線上課程。如果時間允許，可以到現場參加；時間若無法配合的話，光是透過Podcast或YouTube聆聽，也能達到一定的效果。試著在早晨起床時的15分鐘，運用冥想來啓動一天的大腦；或者於睡前的半小時，以正念冥想的方式來幫助自己清理思緒，讓身心都能好好放鬆。

## 【減壓方法④ 主體性藥物運用】

能夠有效對抗焦慮的藥物有兩種：一是抗憂鬱劑、二是抗焦慮劑。

抗憂鬱劑爲什麼能夠治療焦慮呢？我們不談艱澀的藥理解釋，而是用一個簡單的比喻：從佛洛伊德的精神動力學可以得知，焦慮是一種推動生物前進時產生的無效副產品，就好比一輛車想登山，汽油一部分會轉化爲汽車前進與登高的能量，另一部分會變成廢熱從排氣管中排出。而焦慮就是那多餘的廢棄熱能。人只要活著，就像汽車要開動，一定會出現焦慮。

但人體並不是沒有對抗焦慮的機制，一個是潛意識的心理防衛機轉，另一個則是意識的調適策略。我們能把「心理防衛機轉」當成第一道防線，倘若它夠強，那我們根本不會感覺到焦慮，也就不需要動用到完美主義的調適策略。

然而問題往往在於，**情緒低落會「弱化心理防衛機轉」**，讓第一線的防禦工事變差。幾乎所有的抗憂鬱劑都會提高情緒，進而強化心理防衛機轉，讓我們就算潛意識焦慮，從意識層面也感受不到，甚至類似汽車開了渦輪增壓器，引擎強制進氣後壓力上升，馬力大增，工作效率也上升。

不過，雖然藥物治療對於長期性焦慮的控制很有效，但經常因為個案的抗拒心理而難以達成。針對這一點，我們需要的不只是清楚的衛教，而是更深入理解用藥者的心理。

傳統的精神藥物治療中，醫師基於診斷而開立不同藥物，個案唯一能做的就是服藥，乍看之下，與其他科別的用藥經驗沒有差別。然而，精神作用劑（如：抗憂鬱劑、抗焦慮劑、安眠藥等）作用的部位在於心靈，是人體最敏感、最不能掌握、也最纖細的部位。我們可以想像服下胃藥後，在胃中抵銷胃酸的過程，從而理解「胃痛被舒緩」的感覺。

然而，一位有尋死念頭的憂鬱症患者，在服用抗憂鬱劑後，先前「絕對

| 藥物 | 抗憂鬱劑 | 抗焦慮劑 |
| --- | --- | --- |
| 特性 | 適合治療「長期性的焦慮」。 | 生效速度很快，吃下去馬上見效。 |
| 缺點 | 在服用初期，近四成的人可能出現副作用，例如：噁心、心悸、胃腸不適、嗜睡或失眠等，其次是藥物見效速度慢。 | 可能有嗜睡現象（安眠效果），以及成癮風險。 |
| 建議 | 服藥約莫三天後，副作用便會逐漸消失。通常至少得花上兩週才會看到效果，隨後才會越來越有效，服藥者必須有耐心。 | 要求醫師開立「抗焦慮效果」強於安眠效果、且成癮性較低的長效型抗焦慮劑（短效型的成癮性較高）。 |

過不去」的家庭、事業、感情煩惱，卻漸漸鬆綁了——這到底是怎麼發生的？難道我們信以爲眞的世界律則與自我意象，只不過是化學物質作用下的幻夢？這些被心理困擾折磨到不得不求助於身心科的人們，偏偏要在毫無心理準備的狀態去面對這些問題。他們在短暫的就醫期間，得到了有限的藥物資訊，然後就得拿著一大

包五顏六色的藥物，決定要不要被迫改變自己的心靈。更諷刺的是，假如藥物有效，恰好證明先前他們的困擾，只是因爲腦內神經傳導物質出現問題，而他們的求救與努力，是不是就徒勞無功了呢？

精神藥物學的本質，就存在著對人類心理的矛盾。也因此，建議轉換爲「**主體性藥物運用**」的治療模式，增加服藥者的主控感，才能解決對藥物的抗拒心理。簡單來說，這是一個「以個案爲中心」的藥物治療模式，服藥者才是主角，他擁有最後的決定權，而醫師則是專業的諮詢與規劃者，必須依照實證科學的嚴謹角度，充分告知每一種藥物可能帶來的效果。讓我們用以下例子來直接說明吧。

一位在婚姻關係中飽受婆婆批評的媳婦，心理師雖然洞悉婆婆自己本身受到原生家庭影響，過度依賴「挑剔媳婦」帶來的權威感來彌補內心的自卑，但是這位媳婦卻因為陷入憂鬱症，缺乏改變的能力。

心理師可以向精神科醫師求援，而由醫師向這位媳婦分析：「我們現在有兩種抗憂鬱劑，藥理作用軸向不同，副作用均不高，兩種都會改善你的憂鬱。第一種藥物像烈火一樣，會增強你的專注力、意志力、思考反應速度，在妳與婆婆的衝突中，妳可能會變得有勇氣與婆婆對抗，透過心理師指導的衝突技巧，妳或許能讓婆婆改變自己的態度，你們的關係也會得到改善；第二種藥物像水般，讓妳更加有彈性、不在意別人的看法、不會去過度在意婆婆所說的話，但是妳不會有勇氣去改變婆婆的態度。選擇的權力在妳。不管妳怎麼選，我都會設計出一個配套的藥物組合與療程長度。」

像這樣，個案與心理治療者（心理師或醫師）如同第一線的戰鬥部隊，當他們發現前方有無法克服的障礙時，就呼叫後方進行空軍（醫師）精準投彈。在人類意志無法做到的地方，由醫師選用適當的藥物充當短期火力支援，讓個案能再度往前進。

醫師能夠調控藥物的副作用與作用，以分辨出每種藥物在自我療癒或心理治療中扮演的角色，就好像製造出各種輔具，萬一腿斷了，人們會願意選擇某一廠牌的拐杖與石膏，而不會想要用「意志力」來讓自己站起來。人們更不會在腳康復了之後，繼續依賴拐杖而不願意放掉。心理問題的用藥也應該是這樣，在醫師的協助下，由個案進行主體性的藥物選擇與治療。

## 突發性焦慮的控制

「突發性焦慮」指的就是那種突然發生，會讓我們出現完美主義調適策略的焦慮。常見的情況像是：老闆交代了緊急的工作、未預期的客戶會議、臨時的危機處理等等。

在急迫的狀態下，上述的腹式呼吸、肌肉放鬆術、冥想與禪定、主體性藥物運用等，依然能有效解決焦慮，然而，基於「突發性焦慮」出現的隨機性，人們往往在時地不宜的場合遭到焦慮襲擊，例如：辦公室、簡報室或宴會場所等，此時，有效的解決方案通常必須符合：「快速緩和焦慮」與「動作不能太大，以免被旁人發現」這兩個要件。

在這樣的情況下，除了悄悄吃下一顆短效抗焦慮劑以外，能幫上忙的方法就比較有限了。因此，另外提供大家幾種做法，來緩解突發性焦慮帶來的影響。

**【緩解焦慮對策① 轉移注意力】**

「轉移注意力」是最有效也最簡單可以對抗突發性焦慮的工具。

想像一下，焦慮就如同一把火，當它燒在當事人身上時，你越是想撲滅它，就越會因爲做不到而感覺一切快要失控，這樣的失控感正是焦慮的孳生源，往往會導致你更加急促不安。這類型的思維通常是這樣的：「現在有點緊張，但我要控制住，不能被人發現，可是我卻無法控制，糟糕，我更緊張了，怎麼辦？」

請記住，不管是旁邊的親友還是自己，都不要把話題或思考焦點專注在引發焦慮的點，因為不管你安撫、指責、支持或做任何處理，你都得把那個引發焦慮的事件重新想一遍，相當於提油滅火。

建議的做法是，用你能想得到的方式，加上一點幽默感，把注意力轉移開來。比方說，在街上行走時，繞道去看一下街頭藝人的表演；在辦公室裡，去跟旁邊的同事聊聊天；在開會中，稍微捏一下自己的大腿（痛覺也可以轉移注意力）。用各種你想得到且有效的方式，把注意力移開，漸漸地，焦慮之火就會因為沒有注意力的燃料補充而熄滅。

## 【緩解焦慮對策② 利用平時練習的「生理回饋」控制心跳與呼吸】

生理回饋是透過量化心跳與血壓的方式，讓自己學會用放鬆技巧來控制自律神經。簡單而言，生理回饋就是要藉由練習，將原本不受控的自律神經與大腦的神經迴路給打開，此後，你便能憑藉意志力來調降心跳、血壓等等。

一旦你平時學過生理回饋，遇到焦慮事件時，你就可以直接透過意志來強迫自己放鬆。通常只要心跳、呼吸頻率、血壓任何一項下降，焦慮就會跟著下降。

**在日常生活中訓練生理回饋**

練習生理回饋的實際做法有點複雜，不容易講述，其中一個方式是藉由電腦輔助的生理回饋儀來輔助訓練，另一種則是在家拿個血壓計就可以開始練習。練習的方式請直接搜尋「生理回饋」，透過影片教學，效果會比文字說明好很多。

**【緩解焦慮對策③ 強迫自己慢慢說話，動作放慢】**

這是沒學過生理回饋者，立即可以使用的方法。因爲焦慮會讓人講話急促、動作加快。你只要「刻意」把講話速度放慢，把一舉一動放慢，並且告訴旁人，你這樣是在對抗焦慮，不要緊張，這樣就可以了。

當你的動作與語言都以兩倍的時間放緩時，你會發現剛剛的緊張感也隨之得到紓解了。

**【緩解焦慮對策④ 使用短效且速效的抗焦慮劑】**

面對突發性的焦慮時，抗焦慮劑的使用策略是與長期性焦慮的用藥策略截然不同的。

長期性焦慮的用藥，以長效爲主，而且建議個案規律服藥，常見的如：erispan（0.25）一天吃三次。

然而，突發性焦慮則以短效、藥性能在短時間爆發完的抗焦慮劑爲主，而且，是在感覺到有焦慮要發生時，馬上開始服用，最典型的藥物是Xanax（0.5），十到十五分鐘後，如果無效，還可以再吃一次。

關於抗焦慮劑的服用

這類藥物屬於備用性質，如果沒發作，不建議規律服用。當然，實際劑量與服用方式，仍以臨床醫師的判斷為準。

## 處理過高的自我期待

「焦慮」是引發完美主義行爲的主因，學習降低調適焦慮最能立即改善問題，但如前所述，引發焦慮的是「自我期待」過高，加上「自我評價」過低，因此，要根本解決焦慮問題，就要想辦法縮短「自我期待」與「自我評價」之間的差距。以下提供幾個方法來幫助我們降低自我期待。

## 發現真正的需求，而非透過卓越感來間接滿足

很多人之所以追求卓越、對自己的要求很高，實質上是來自於潛意識的自卑感。進一步來說，他們在潛意識中存在著某些障礙，無法跨越，也得不到滿足，不斷地感覺到挫敗，只好轉而透過功課與事業的成就來取得替代性滿足。

舉個例子。一位在商場上取得重大成功的女性，她的事業史是一段不斷升遷與跳槽的超車經驗，然而，就在她爬上事業頂峰時卻陷入了重大憂鬱。儘管身邊長期有眾多追求者，但她始終相信一個人能過得更好、更自由、更能展現自己，也因此一直保持單身。

會談到一段時間後，她才羞赧地說，她從來不是那個外表看起來有自信、綻放強大光芒的樣子，其實心中深藏了一個極大的恐懼——在情感上遭到拒絕——友情如此，愛情更是。從小父母因為工作的關係，將她和妹妹託給親戚照料，她不斷目睹親戚們是怎麼偏愛自己小孩，如何嫌惡地將

她們倆視爲累贅般推來推去，她們總是用盡所有討好的本事，才有一點寄人籬下的空間。當父母下班回家後，又爲了不讓家人擔心，配合大人們的虛僞演出，把所有委屈都往肚子裡吞。

她從小就不認爲自己是値得被愛的小孩，更不相信有人會眞正愛著她，偏偏又期待有個人能無微不至地照顧自己。然而，她卻恨透了這樣軟弱的想法，也用盡全力讓自己變得能力更好、更獨立、不需要倚賴別人。直到她爬上了事業巔峰，才發現沒有人理解偶爾也會脆弱、會忍不住掉淚的自己。

她眞正的需求，其實是「被接納」與「被愛」，然而，基於成長時期的創傷經驗，內在的自卑讓她選擇「不被愛」——具體來說，在任何一個她看得上眼的對象可能愛上她之前，她就會主動讓關係結束，而後再用事業上的成就來滿足自己。因爲她無法承受愛情開始之後，得而復失的痛苦，又害怕對方終將發現自己只不過是個金玉其外的空殼而離開她。

為了對抗感情上的失落，她拚命努力，直到她用盡全力爬到高階主管的位子，而「被接納」與「被愛」的需求依然匱乏時，內心卻開始走向崩潰，因為她發現自己已經無計可施。

同樣的情節隨處可見。用盡全力念書的高中生有個被全班排斥的創傷經驗，在國一遭到霸凌後，他失去了開朗活潑的笑容，只能期待在成績表現上取得優勢，以彌補不敢交友的痛苦，不知情的父母以為他開竅了，懂得學習的重要，還時常拿國中的經驗稱許他。

◇

許多人深信只要不斷努力，追求卓越，讓自己感覺良好，就會有個美好的未來等著他。因此，當看見朋友同學一個個結婚，自己卻孑然一身，找不到可以長久彼此陪伴的對象時，便努力排滿行程，渴望活得比別人更充實；看著昔日健壯的父母一天天老去，在病榻上風燭殘年，只好一肩扛起家中的經濟重擔，卻不敢叫苦；看見年幼的孩子一日日長大，自己卻缺乏時間陪在他們身旁，注定在孩子的重要生命歷程中缺席，於是更加拚命賺錢，想讓家人衣食無虞；不知道自己爲何而忙，爲何而戰，一生難道就要如此度過嗎？馬不停蹄地努力，一路追求卓越。

曾經有一位優秀的研究生因為寫不出論文，在兩度休學之後，輾轉拖到碩四快要被退學。經過多次會談後才發現，原來這位研究生有個外遇慣犯的父親，他與母親相依為命，內心深處一直想補償媽媽坎坷的遭遇，以證明父親的選擇是錯誤的，於是他要求自己在課業上樣樣都要表現優異。沒想到如願高分錄取了研究所以後，不顧其他人勸阻，選了一個超出碩士等級的題目，卻因為資源不夠，實驗又做不出來，眼看著同學們陸陸續續畢業，內心越來越著急，於是開始逃避，整天打電動、外出找朋友大吐苦水，閃避老師的關切，無法面對自己真實的困境。

「追求卓越」宛若一件看似華麗的衣裳，裡面卻藏著每個人的陰暗面，從不夠風趣、拙於言辭、不被接納、被同儕羞辱、擔心父母離異，到收入比不過別人、得不到社會認同、害怕自己不夠成功……

追求卓越固然能帶來部分的愉悅感，但背後可能會付出龐大的犧牲，導致成本與收穫漸漸不成比例，甚至讓「自我期待」無止盡地提升。當完美主義者面對這樣的困境，唯有找到內心的渴望，滿足真正的需求，才能有效地讓不安定的心靈平息下來。

儘管我們告訴自己輸贏沒那麼重要，卻難以看穿其間的虛幻，最主要的原因在於：**我們一直品嘗著「超越別人」時帶來的征服感**，以滿足我們心中久病難癒的缺憾，這裡面有未完成的夢想、有年輕時對未來的美好想像、有與自己漸漸無緣的理想中大人的模樣。由於缺憾一直存在，所以我們會緊咬著「贏的感覺」，有如雞肋，無法丟棄。

而「時間」則是另一個麻煩的搗亂因子。它有如毒品般，讓初試啼聲的年輕人過度膨脹了想像空間，混雜了對社會現狀的不滿與肯定自我的期待，人們輕易地把自己錨定在一個高不可攀的成功地位，彷彿只是時候未到，假以時日，沒有什麼是自己辦不到的，而且於功成之日，他們甚至會要求自己在行爲效率、道德操守、氣度胸襟各方面，都還要比別人表現得更好。

隨著時間流逝，早已對那些美好感到成癮的人們，終究得面對現實的無情考驗，過往的自我勉勵、期許與砥礪，都可能在屢次事與願違之下，轉化爲內心的不平衡與被剝奪感，也開始被比較心與嫉妒蒙蔽了雙眼，隨著年紀漸長，逼迫自己的壓力也就越大。每一雙見不得人好的紅眼裡，都躲藏著當年「等到闖出一番天地後，我才不會像某某某那樣，我要如何又如何」的弘誓與初心。

此時請記得，**找到心頭真正的痛苦與恐懼**，也就是你深沉的匱乏、未被滿足的需要，勇敢去面對、瞭解、解決——但無須譴責，我們才能終有一天放過自己。別因爲他人似乎活出了你想要成爲的樣子，就覺得自己一無是處，因爲那些東西原本就不屬於你，你該擁有的一切早就存在於你的生命。

## 看見「不努力的自己」也有可愛之處

「在這世上，你之所以被在乎，是因爲你本身？還是因爲你努力？」絕大多數長期在「有條件的愛」底下長大的小孩，傾向於選擇「因爲我努力」這個答案。只有少數有幸能受到「無條件的愛」關照的小孩，才有能力相信：眼前所擁有的，都是因爲自己本來就値得。

與自卑感驅動的高自我期待不同，有條件的愛所驅動的高自我期待影響所及，多分布在傳統定義裡「被視爲過得幸福」的一群人，包括：物質上定義的富二代、高所得中產階級的下一代；以及心靈層面上被視爲「在父母關懷中長大的小孩」，他們往往有健全的家庭、重視教育也願意去上親子課程的父母。然而，如前一章所提過的，「有條件的愛」是人性中的一環，幾乎難以避免，我們非常難苛求父母用「無條件的愛」照料下一代，但有條件的愛確確實實會造成子女的負債感，特別是照顧者在物質與心理同時付出越多時，下一代的虧欠感就越深，由此也會產生「我必須更加努力，以無愧大家賦予我這一切」的想法。

我們無法改變別人對待自己的方式，更無法決定自身的命運，唯一能做的，是做出選擇——**相信自己生來就值得別人的付出**。並且清楚地明白，所有從他人身上得到的恩情，你本來就無法完全償還，也沒有人要你還。如果認為你的努力能回報對方，那你也在不知不覺中貶抑了對方，認為對方幫助你的動機只是一種投資或利用，你還清了，便從此兩不相欠。

就算家人當眞對你只是投資或利用，如同養條牛來牽犁一樣，你還是可以做出選擇。當你不再是那頭被拴住的牛，家人也就不是那冷血的利用者，停止爲他們而活——這是你能爲他們所做的最大寬恕。因爲你不再是犧牲者，於是加害者的罪業也就被你赦免了。

敞開心胸，試著看見「不努力的自己」的可愛之處。任何人都有權利像貓一樣被摟在懷中，即便不事生產、沒有功成名就，也能得到寵愛；如果沒人對你這麼做，那你就做自己的主人，擁抱早已疲憊不堪的身心，把你的感受放在第一位。不需要辛苦地追趕永無止盡的目標，氣喘吁吁地拖著腳步，期待能做得更好、更完美，渴望從有權力者口中得到鼓勵與讚美，其實，你隨時都可以肯定自己。

至於具體的做法，我們可以遵循以下幾個原則，嘗試將這些方式內化在生活中。

## 【自我肯定的祕訣① 停止否定他人】

首先是「不否定原則」，停止對別人的否定，學習從對方的行爲中發現值得稱許或可憫之處，例如：當你看見主管對上級逢迎諂媚，卻對自己組員疾言厲色時，你可以選擇看見他的焦慮、對自己能力不足的恐懼，而非陷入厭惡的直覺反應——當然，同理不代表接受，你能體會對方的苦衷，但沒有必要因此表示諒解，或是爲對方的惡行找理由。

這麼做的目的其實不在利他，而在利己，因爲深陷於完美主義的人特別難包容不完美的自己，任何對自己打氣（如：對鏡中自己說鼓勵的話）的辦法都難以收效，練習之初，建議**先從包容他人的不完美開始**（相對於自己，別人的不完美比較容易被你接受），在反覆練習同理他人，爲對方的瑕疵行爲找到可取的價值後，這種習慣會讓原本的心態軟化，變得比較容易看見自己的優點。

### 【自我肯定的祕訣② 展露真實的一面】

其次是「眞誠原則」，完美主義者因爲不喜歡那個「不努力的自己」，通常只願意呈現表現良好的那一面給別人看，這麼做固然維護了易碎的自尊，卻也讓那個「不努力的自己」從來沒機會得到別人的肯定。

不少完美主義者在遭逢重大危機或健康事故等人生課題時崩潰，卻意外發現那個不夠堅強的一面反而贏得更多人的好感、尊重與認同，才真正體會到做自己雖然會失去某些肯定，卻能獲得不少額外的好評。

因此，真誠地展現自己，無須故作輕鬆，但也不是過度以自我為中心，平時就讓別人有機會為那個「不努力的自己」按讚，你才能更有自信。

## 【自我肯定的祕訣③ 回憶美好時光】

好好回想那個「開始努力以前」的自己，也許是小學，也許是幼稚園，可能是學齡前——那個還有歡笑、不知道什麼叫比賽得名、還沒學會和他人競爭的年紀，當時的你，是不需要成就、不用證明自己也能活得自在盡興的。

想想你當時會做些什麼事，現在的你不妨爲自己撥出一點時間，去做那些事吧。

## 釐清潛在的生命創傷

創傷是生命的轉折點，隱身在人生幽暗的角落，即使隨著時日已久，細節逐漸被遺忘，影響卻依舊深遠。

你可能想不起來當時確切發生了什麼事，只依稀記得自己的情緒，可能是悲傷或者絕望。但重要的是，自那之後，你的人生有了改變，以前能讓你高興的事，不再能使你感到興奮；你的臉上逐漸失去笑容；過往歡樂的時光銷聲匿跡，往來的朋友散居各地，斷了聯繫；你常去的地方、常做的事情、常說的話都在不知不覺中改變了——而你甚至不記得發生什麼事。

這就是創傷的存在跡象。

小學被排擠的記憶、中學被霸凌的經驗、被分手的傷心回憶、被同事在背後捅一刀的背叛感、愛情裡的不忠誠、生養小孩後的身價貶落（這是許多人共有的創傷）、因為家庭而離開職場的失落……終其一生，創傷如影隨形。而創傷，又是容易引發提高自我期待的罪魁禍首之一，因為人們總想要證明「**我沒有受傷**」而過度逞強，用盡力氣向別人展示自己過得很好，卻沒有辦法得到真實的滿足。

倘若您正在經歷創傷，盡量把內心的感受讓信任的親友們知道，不要一個人承受，當你越能夠用言語來表達痛楚，創傷加諸於你身體的痛苦就越能減輕。倘若主客觀條件不許可（工作忙碌、暫時無法相信別人等），或者創傷經驗已經是過去式，那麼，你可能需要求助於專業的心理師或精神科醫師。適當求助於諮商或心理治療能極大程度減輕傷害，避免創傷經驗的長期效果。必要時可以輔助短期而有治療計畫的藥物治療，以便能快速適應高壓的工作、繁重的課業或角色上的期待。

## 提醒自己不需要成為特別人物

人們經常會期待自己能成爲被重視、被尊敬、被崇拜，甚至是萬中選一的英雄，或百年難得一件的奇才——這是人之常情。如果你沒有這些期待，少了如山高的重擔，固然可喜；如果你有，那也並不可恥。

問題在於，你是那個天賦異稟的奇才嗎？事實上，多數人充其量都只是普通的天才，需要經過大量的努力才會有成就。那麼，你要爲自己的偉大付出多少人生成本？你該憑藉什麼而脫穎而出？最後，就算你實現了眼前夢想，是否又會陷入自我懷疑，渴望更高的成就？而這一切有讓你得到眞正的快樂嗎？

我無意澆你冷水，反而想提出一個更具體的方案，讓每個人都有機會達成自我實現。而這個關鍵就在於「**利他**」。

當你全心全意把注意力放在榮耀自己，有可能會變得更加患得患失，即使獲得了成功，仍會擔心下一刻是否會落入失敗，而這些卻未必能讓你自身的能力有所提升；更糟的是，或許還會遭人嫉妒、四處樹敵，讓你事倍功半，平添成功路上的各種變數。

相反地，當你一心在為別人謀福利時，會放下自己的玻璃心，把臉皮拉到最厚，試想：與爭取自己晉升的機會相比，為了團隊成員們爭取應有的差旅補助時，你是不是更能義正詞嚴、為公忘私？大義凜然之際，對方也比較缺乏立場與你對抗，你的戰鬥力等同暴增數倍。

最為弔詭之處在於，當你越是真心為別人而戰，而非假借他人行利己之實，你就越能擺脫患得患失的束縛——這便是「利他」的妙用。

與大多數人的想法不同之處是，利他與利己未必是對立的。然而，你必須設法透過巧妙的安排，在實現「利他」的行為中，成就了更高層次的「利己」動機，達成生物學上互利共生的狀態。

自古以來，幾乎沒有一個偉大人物是以成為世界的英雄為目標，是他們的利他行爲證明了自身的偉大，至少，他們的行爲直接或間接地引起了歷史軌跡重大的改變，回過頭來支撐了主人翁的歷史地位。就像如果樸朗克沒有將愛因斯坦介紹給物理學界，因而改變並解決了當代諸多難題，就算愛因斯坦再聰明絕頂，他也絕對不會是今日的他。

因此，想「成就自己的偉大」這想法並不可恥，卻要從看見別人做起，**一旦要關心他人，你就得先學會同理別人的需求**，而不再是成天關心自己表現得夠不夠優異。一旦你足夠謙卑，越能贏得群衆的肯定，你就越有機會成爲衆人眼中那個偉大的人物。

千萬不要把自己關在象牙塔裡，失去與社會的連結，暗自努力，卻因爲自身的懷才不遇而感到失望——這樣的想法反而會把你的自我期待推到無限高，讓你寸步難行。

## 〔提升過低的自我評價〕

過高的自我期待，會使目標遙不可及，投入再多努力也不夠；而過低的自我評價，卻讓人看不見自己的任何努力，奮鬥再久，成就再高，也無法激勵自己、產生信心或是增強動機。更甚者，會讓人輕言放棄既有的成就，隨意轉換跑道，一切歸零後，又得重新再來，徒增焦慮，最終誘發完美主義行爲。

如前所述，成長環境、自卑感、創傷經驗、長期被否定等原因，均可能造成自我評價不足，然而，不論成因爲何，一旦自我評價過低，就很容易質疑自己的成就。旁人的肯定，通常只會引發「對方是不是在安慰我？」的自我懷疑，會造成正增強系統的癱瘓，導致人們無法透過努力來獲得別人的正向回饋，進而縮短現狀與理想間的差距，消弭那無止盡的焦慮。因此，調降自我期待與拉高自我評價，同爲改善完美主義的重要關鍵。

## 尋找生命的閃亮點

倘若你曾經在某個情境下，有過相當具意義或滿足感的一刻，也許是自我得到了充分的展演、獲得衆人的支持，或實現了長久以來的願景——無論是什麼，這都是一個非常重要的線索，因爲這件事隱藏著你內心眞正的渴望。它在加總了自身的人格特質、群衆動力、當下情境、現實回饋等諸多條件後，讓你這個人以這樣的方式得到了滿足。那一刻，我們稱之爲生命閃亮點。

我們未必能理解，爲什麼你在生命閃亮點會有如此的悸動？事實上，不懂也沒關係。我們只需要知道，你曾經那麼精采、豐盈、有自信、精力充沛地活在生命中的某一刻，那麼，你就完全有可能用同樣的方式，再次燃起同樣的星星之火。

問題在於，大多數人被問及「是否經歷過生命閃亮點」時，當下的回答都是否定的，在他們的回憶裡，生活就是如此乏味與一成不變，總認爲與快樂相比，人生中更多的是磨難與痛苦。然而，這眞的符合事實嗎？

你不妨回憶一下，小學低年級或幼稚園時期的自己，是怎麼過日子的？孩子的世界裡絕非無憂無慮，更沒有你想像得那麼天眞與簡單，但他們依然有辦法在煩惱與未知的隙縫間，長出歡樂的枝枒。

還記得國小一年級時校門的顏色嗎？那是什麼樣子？從大門到你的教室，會經過哪些地方？你坐在教室的哪一個角落呢？跟同學一起做過哪些傻事？下課的時候，你又會做些什麼、跟誰聊天說話？

很有意思的是，許多人回答不出上述的問題，卻牢牢地記住被同學霸凌、回家看見父母吵架、被親戚嘲笑譏諷等等不愉快的事件。記憶如同篩子，把你所有的痛苦都遺留了下來，連同其他的情緒與經驗一起忘掉——**當然，也包括所有的美好時光**。

原因在於「痛苦」通常伴隨著對生物有威脅性的事件一起出現，是一種非常重要的訊號，在神經系統中會被優先處理，以保護個體的生存。對現代人類而言，可能的傷害事件就如同：被偷、被詐騙、落榜、被開除、沒錄取，都是損及生命、權利、生涯發展、名譽等個人利益的事件，**其中所產生的「痛苦」自然會被大腦視為重要訊號**，給予高度處理權限，讓你能快速且反覆想起與痛苦相關的事件。相對地，其他經驗的優先順序就會被調降，甚至被高度壓縮後，丟到記憶深處，讓人難以提取。

這是一種生物的求生本能，然而，在現今社會快步調的生活節奏中，抽象性的情緒威脅（如：被嘲笑、被排擠、被討厭、被已讀不回）比例卻高度增加，網路打破了人們的接觸面向，講錯一句話的代價可能是群體的譏諷與謾罵，這些非實際物理性傷害的事件所產生的痛苦，照樣會被大腦以最優先順位保留下來，而排擠掉其他有價值的經驗。

因此，你不妨觀察看看，在你的腦海裡，會影響你自我評價的經驗，是不是越負面，越是深刻而有力量？

爲了改善這情況，我們必須找回那些失落的記憶，以及蘊含其中的生命閃亮點。儘管我們無法阻止大腦執著於重視「痛苦」的本能，但我們可以還原出其他生命經驗，將本來遺落在深淵的快樂記憶，再次找回來。

◇

你可以從日常的興趣著手，想想自己在做哪些事情的時候，會打從心底感到快樂？覺得自己很棒？如果想不到，可以問問你的朋友或家人：「我在做什麼事情的時候最忘我、最盡興、最投入？」

倘若你能找到越多生命閃亮點，你就會開始感覺到自己生命的豐富，不再因爲痛苦的創傷而顯得單薄無助，自我評價也會隨之上升，對於完美主義最直接的幫助就是——發生拖延、逃避、批評、轉換跑道的非典型完美主義行爲機率也將明顯下降。

## 發現生命貴人

有人的地方就有紛爭，有關係就會發生衝突，在實務上，我們看到了無數人孤獨地活著，身上滿是傷痕。比方說：父母情緒勒索、親戚爭產或爭風吃醋、同學霸凌、職場衝突……

然而，生命就像一個等式，有減法，就一定有加法；有傷害，就必然有撫慰；有小人，就會有貴人，生命會自然找到它的平衡。因此，能存活到此時此刻，看到這行字，就代表著你背後有無數人（包括你自己）的努力，才讓你有力量走到今天，你的生命中必定存在著許多貴人，也許是多年眷顧的親戚，也許是在千鈞一髮之際拉住你的陌生人，因爲有他們，你才得以在這裡。

由於大腦的威脅性優位原則，生命中的貴人也會如同生命閃亮點般被我們所遺忘，卻始終惦記著曾經傷害過我們的人，而且傷害越深，越是揮之不去。於是，伴隨著生命中那些貴人所帶給我們的一切美好，包括：驚喜、希望、被接納感也就一同消失了。

我們得用心思考，將這些貴人給找回來。有些人可能已經不在人世，只能讓他們留在記憶中，繼續相伴在身邊，讓我們知道，當時的自己在峰迴路轉中，是如何體會到柳暗花明又一村的希望；有些人可以從手機聯絡人中找到，試著打通電話或傳一封簡訊過去吧。

一位孩子在外地念書、整天與丈夫講不到幾句話的中年婦女打了這麼一通電話，聯絡上她離開職場前的同事，對方也是她最要好的大學同學。剎那間，美好的時光都回來了：大學的迎新舞會、社團的成果發表、巡迴的公演、約好的翹課、在草坪上暢談對未來的憧憬、錄取時的欣喜之情——這位大學友人在短短的十幾分鐘裡，便將她從一個空巢期孤單茫然的低潮狀態給拉了出來。

掛斷電話後，一切還是要回到殘酷的現實？當然不！這位女性找到了更多失聯的當年好友，一一聯絡，還約她們出來。爲了跟大家見面，她重新添購新裝、減重、學英文，甚至定期上健身房運動。生命從此有了不同，不再是過往那個自怨自艾的母親——她的自我評價已經大幅上升了。

◇

清點自己的生命貴人，還會引出一個疑問：「爲什麼他們願意幫你？你究竟有何價值？有何貢獻？不然爲什麼他們要協助你？」

對於低自我評價的人而言，這個問題的答案往往是「我很努力」或「我在關係裡也有付出」，就像上述那位女士一直不敢跨出第一步的原因就在於：「這些年我在維持友誼上一點努力也沒有，別人爲什麼要理我？爲什麼要幫我走出來？」然而，事實是他們伸出援手了，不爲什麼，只因爲她是她——同時也是他們的老朋友，這就是唯一的理由。

換句話說，長久以來人們所深信的：「你必須要表現更好，別人才會對你好」這般教條，在多數時刻只是一種誤想。我們總認爲有些人幫助你，不是因爲你讓他自我感覺良好，就是他喜歡你，你想像不到其他的理由。然而，習慣透過付出以換取他人回報的你，就算沒有辦法時時刻刻保持最佳的狀態，無力關心他人，也依然有價值。學學沙發上慵懶的貓，明白什麼都沒做也能惹人萬般憐愛。

**暫時停止思考生命中那些小人對你的傷害，把所有曾經的貴人找回來。**認眞想一想，如果沒有他們的話，你的人生會變成什麼樣子，或許更慘、更艱辛、更孤獨。而你也會因此發現，你一直在意「自己不夠好」，但這件事除了你以外，根本沒幾個人注意到。甚至，連生命中的小人也一樣，你做得再好也沒用，他們根本不在意，照樣想傷害你，所以你其實沒有必要爲了他們而活。

回想生命貴人最大的好處在於：找「人」比找「事」更加具體可行。找回一個生命貴人，就會重獲「生命閃亮點」，開啓更多連結其他生命貴人的線索，生命的色彩越豐富，你也就越有自信，自我評價越高，從人生的無意義感之中脫離。

## 創建成功經驗

如果將生命閃亮點與貴人，視爲向「過去」搬救兵，那麼，對於「未來」的努力，就要靠你有效創造成功的經驗了。

心理學已經證實：倘若X軸是壓力值，Y軸是表現值的話，人類的壓力與表現，會呈現一個先升後降的鐘形分布。壓力值極低的時候，表現值也很差；隨著壓力值增加，表現值快速上升；然而，當壓力值接近峰頂，表現值的增加就越來越慢，到了頂點，表現值就達到極限而不動了。倘若你繼續增加壓力，表現反而會下降，加壓越多，表現降得越快。

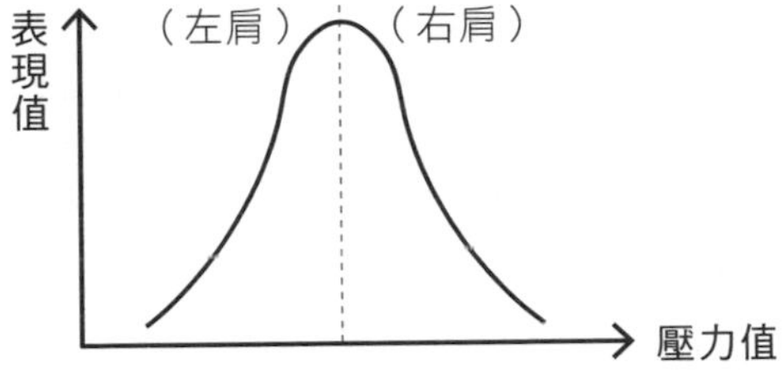


因此，判斷自己的焦慮度是在鐘形分布的左肩還是右肩非常重要。倘若是在左肩，代表壓力不足，增加壓力，有助於提高表現；如果已經來到右肩，增加壓力，只會減低表現，減壓才是上策。

完美主義者容易用提高壓力的方式來驅使自己行動，經常直接衝到鐘形分布的右肩，然後發現：繼續提高壓力，表現卻越來越差，導致你更加焦慮。

在這「壓力—表現」的模型下，如果要提高表現的極限值，就得提高行動效率，讓你在同樣單位的焦慮值下，產生出更高的表現值。

然而，行動效率建立在自我信心之上。倘若你每次工作都失敗，不要說別人對你沒信心了，連你自己也會失去動力，於是便很難擺脫這樣的陰影：「這次我會不會做了又失敗了？」只要這陰影存在，你就放不開手腳，連帶地，別人也不敢交託任務給你。

因此，快速累積成功經驗，對於完美主義者來說非常重要。成功經驗可以讓自己信心大增，將單位壓力更有效率地轉化爲更多表現，這麼一來，完美主義者就有「努力」以外的另一種選擇來提升自己的表現，大大降低焦慮感。

具體做法就是「**從簡單的事開始做**」，寧可「以大欺小」，也不要「越級挑戰」。越級挑戰固然可以快速獲得成就感，但是失敗的風險過高，如果考慮期望值，其實收益可能會是負值。

按部就班、循序漸進，從簡單、你擅長的做起，腳踏實地慢慢調高難度。不要抱怨主管總是給你太輕鬆的工作，事實上，就算老闆低估了你的能力也好，不知道該給你更具挑戰性的事物也罷，你依然可以從「被低估」的過程中，用全力以赴的態度來享受大獲全勝的喜悅。

當然，你可能會感到恐懼，萬一我連簡單的工作都失敗了，怎麼辦？這是一個非常值得重視的人性陷阱。有無數人因爲擔心簡單的任務失敗了很丟臉，因而刻意選擇自己做不來的工作，好合理化未來自己的失敗——然而這麼做，只會讓你習得「失敗」的經驗，並且越常使用「明明知道做不到卻偏要去做」這個方法來逃避核心的問題。

讓反覆的成功徹底改寫你內心深處的自卑感。

雖然不容易一下子就克服內心的障礙，但只要開始稍稍偏離原來的軌道，時間一久，我們依然會收獲巨大的改變。長期得意的優勝者，或者在自己專長領域越來越得心應手的人，自我評價不高的問題終究有一天會被戰勝。

## 有限度使用藥物治療

有不少精神作用藥有助於提高「自我評價」。

是的，你沒看錯，眞的有藥物可以改善一個人對於自己的評價。最早的觀察，是發生於憂鬱症患者對自己過度的貶抑與極端的負面思想在藥物治療下的改變，經過數十年驗證，目前臨床醫學界已知有三個軸向的幾個藥物家族對憂鬱有幫助，整理如以下表格。

〔常見的抗憂鬱症藥物〕

| 改善方向 | 藥物 |
|---|---|
| 血清素系統 | 選擇性血清素再吸收抑制劑（SSRI）、血清素部分結抗再吸收抑制劑（SARI）、血清素正腎上腺素再吸收抑制劑（SNRI） |
| 正腎上腺系統 | 正腎上腺素多巴胺再吸收抑制劑（NDRI） |
| 褪黑激素系統 | 褪黑激素促效劑（MA） |

這些藥物使用在自信不足、容易情緒低落，但尚未達到憂鬱症的個案，仍然會產生穩定情緒、改善自信的效果。其中，對於人格引起的空虛孤單寂寞冷，ＮＤＲＩ的效果不錯，反應速度也快於其他藥物，第一波反應會在幾天內就出現。

然而，如果沒有搭配心理治療或諮商，光是想靠藥物來改變人格特質，成功機率是不高的。而且，就算使用，也僅適用於短期，一般不建議長期使用。

**關於改善自我認知的藥物**

使用藥物來改變自己，讓個性變得更符合期待，這樣的做法雖然合法，但已經超出原本藥物上市標的治療目標。所以使用上必須更加小心謹慎，而且必須配合心理治療，讓個案在充分理解自己的問題時，在希望改善而力有未逮之處，助上一臂之力。

## 〔讓完美主義成為你的助力〕

擁有完美主義性格並不代表我們有缺陷，不需要想著該如何將它「治好」。完美主義是一些行爲特質的總合，由於內心的自我期待超過自我評價而產生的焦慮，最終突破自我防衛，而引發了各種不同的完美主義調適機轉。

有的機轉有效率，有的機轉效率比較不佳，然而，無論如何，我們只要知道，完美主義的行爲之所以出現，是身體爲了緩減我們內心湧現的龐大焦慮。

一方面，我們要熟練控制這個焦慮，讓它有如引擎內的火焰一樣，產生大量動能，帶著我們往前移動，而不要讓焦慮蔓延開來，變成火燒車。另一方面，需要調整自我期待與自我評價，讓這兩個標準維持在一個適當的距離。太小會喪失鬥志，太大則會產生焦慮。

我們要適當選用行爲調適機轉，讓你的完美主義行爲剛好符合社會所需，讓彼此都滿意，如此，問題就不再是問題。很多完美主義造成的問題來自於放錯位置，舉例來說：

平時從事行銷工作的你，由於老闆為了節省人力，你必須每個月處理報帳、合約等行政庶務，你明明不擅長卻依然要求自己要把這些庶務雜事做得又快又不出錯，導致你影響到原本分內的工作，而漸漸累積了挫折感。

誰會欣賞你的完美主義？主管？顧客？同事？什麼樣的工作需要你這種完美主義的人？只要能在屬於你的戰場發揮所長，完美主義就會是你的助力，而非阻力——當然，前提是你能善加控制內心的焦慮，並好好搞定「自我期待」與「自我評價」這兩個巨大動力源。

## 對外尋求援助

讓完美主義從原本的阻力變成助力，是後現代主義心理治療中最精彩的過程，卻也是最「客製化」的部分，因為每個人成長背景、學經歷、人格特質、社經地位等狀況均不同，如何針對個人條件來量身訂做一套有效可行的辦法？正是展現治療者功力與創意的地方。然而，仍可以根據多數人的情況，歸納出幾種常見策略。

首先，請記住一個原則：「**不要跟完美主義講道理**」，完美主義者最喜歡跟人講道理，偏偏完美主義個性從不聽你講道理——你越是試著理性地制定一堆表格、待辦計畫、羅列輕重緩急、對鏡中的自己曉以大義、每天寫日記，就越會發現一個無奈的事實：「道理我都懂，但是就做不到」。

原因很簡單，完美主義衍生於人類的慾望、性格與焦慮情緒，但不管是慾望、性格還是情緒，每一種都更接近生物本能，在大腦中的執行位階全都比理性高，辛辛苦苦用理性設計的各種方案，身體根本就不理睬（倘若真有人能如此理性，這本書就不會有人看了）。

正因爲我們管不動自己的身體，所以才需要另闢蹊徑。最重要的就是——**尋求外援**。找出你服氣的人，也許是長輩、前輩或家人，也可能是同儕、朋友或伴侶，有些時候，甚至是年紀輕、行爲表現卻讓你折服的後輩，總之，你需要一位權威、一位典範，至少是你佩服的人。透過你對他的崇拜或敬重，由他來引導你。

同樣是設計輕重緩急的列表，或每天寫日記，但只要在別人的督導與協助下完成，效果卻會倍增。原因在於，崇拜或佩服在大腦的執行位階同樣高於理性，地位至少在情緒之上，由這些「你看重的人」講出來的話，你的身體就比較容易買單。

## 增加社會參與

關於社會參與的部分，越無學習性、無建設性、無成長性的社交越好——並不是說浪費時間有助於改善完美主義，而是完美主義者經常過度專注在極少數事物當中，精力時間過於聚焦，容易患得患失，也會不知不覺開始與別人比較。未知結果時，經常感到緊張不安；成果不如預期，就有深深的挫敗感；即使成果豐碩，更容易招忌，無端樹敵。

由於完美主義者過度聚焦在少數事件，對於其他活動就會興趣缺缺，下意識認定那些不感興趣的事物爲「無學習性、無建設性、無成長性」。舉例來說：許多完美主義者一心專注於主管交辦的任務，可能會覺得同事間的餐敘聚會是在浪費時間，若有同事發起甜點製作課程、旅遊活動等等，更是敬謝不敏。問及理由，經常只是：「我想靠工作實力證明自己，不想拉攏人脈求得速成。」然而，尋求工作上的好表現，其實還是期待別人的肯定，不是嗎？或許那與透過人際關係尋求肯定並無太大差別，不過是直接與間接之分而已，最終所追求的依然是「被肯定」。

當然，有些完美主義者會恰好相反，過度尋求人和，不願著墨在實務事務上，避免得罪他人。不管哪種樣態，都在反映完美主義者內心的恐懼，一心想複製自己曾有過的成功經歷，害怕跨出舒適圈，不敢去多方嘗試，結果就容易造成生命經驗越來越單薄，而行為也越來越難改變。

如果能多多增加社會參與，比方說，和同事下班後小酌聚會、週末約朋友到戶外野餐、與伴侶相約打球運動，讓生活體驗越來越豐富，就越不容易拘泥在完美主義中。

## 留意生活中的細節

再來，記得時時留心你認真生活的每個細節。舉例來說：完美主義者可能在工作時全力以赴，但居家環境卻一塌糊塗，或是平常不太注意衣著穿搭。理由往往是因爲：工作很重要，當然得全力以赴；回到家已經那麼累，東西暫時擺著晚點再收無妨，反正沒人會看；外觀儀容無關乎能力，只要整潔就好，欠缺美感沒關係。

基本上，這樣的想法並沒有錯，但**過多將注意力集中在被歸類為「重要」的事務，反而會增加焦慮**，讓完美主義更加僵固。因此，普遍地關注生活中的所有細節，舉凡逛街、週年慶、聖誕市集、追雪、跨年倒數、賞櫻、演唱會、團購、車展、泡湯——參與各種再平凡不過的生活事件，反而不會在特定事務追求完美。

## 對任何事物皆保持一致的態度

最後，在不危害自己利益的前提下，保持一致性。盡可能在任何場合、任何情境下，都用一樣的態度去面對，而不是針對特定幾個「重要的事件」力求表現。這麼做，等同是要向別人展現出最眞實的自己，你有幾分，就表現幾分，不特別努力求表現，用最自然的態度去面對每一個人。這講求的就是「**展現真誠的自己**」——當然，前提是不要因此而造成重大損失，例如：得罪不能得罪的人、丟了工作等等。

在現代社會中，最後一點可能也是難度最高的，但即便只是前三項：尋求外援、增加社會參與、留意生活的每個細節，也已經能發揮很大的改善效果了。

Chapter 4

# 與自己的完美主義對話

完美主義者所關切的，大多圍繞在自己身上。只要有辦法從自我中走出來，完美主義者的困境，就能大幅減輕。

完美主義是一種行爲模式，往往伴隨人的一生。我們不需要執迷於尋找像是「完美主義到底好不好？」「該不該改掉完美主義的習慣？」等問題的答案。相反地，應該學習對自我有更多的理解與體諒，傾聽內心的聲音，明白自己與別人的不同，以不犧牲人生幸福的前提下，在自己的個性與社會約定俗成的規則之間做出適當的調整。

倘若你注定要與「完美主義」走這一生，就有必要更了解它會對你生命的每個時間點所造成的影響。由於年齡、社會角色、情境的變動，每個人將面臨的關卡也大不相同，有些會誘發努力與偏執，讓焦慮一發不可收拾；有些會觸動討好、逃避、拖延等其他特質，導致情況更加惡化；有些則是因爲完美主義的特質，而讓你容易陷在某些困境當中。

儘管對於所有生命事件，我們無法一一詳述，但依然希望能作爲一種溫柔的提醒，如果你也正身處相對應的困局中，希望能陪你共同做出一些改變，減輕肩上的負擔。

## 〔跟分數賽跑的試煉——考場〕

考場可能是完美主義發揮得最淋漓盡致的地方，因爲考試本身就是一個「努力—被評價」的過程，當成績揭曉的那一刻，輸家與贏家之間的差別，就是個人的「身價」，也會赤裸裸地展現在公衆之前。

不管參加什麼考試、無論遊戲規則怎麼制定，通過者必然被賦予某些權力（如：升學、就職、取得專業資格等等），而失敗者也等同被拒絕於門外。前者會將「**希望成功**」的慾望極大化，後者則是明顯增強「**恐懼失敗**」的擔憂，而這兩者加總起來，就成爲引導人類基本生存動機中的「成就動機*」，而這正是對完美主義者來說，最強的催化劑。

因此，對於面對考試壓力的人們而言，要從完美主義中脫身並不容易，因爲主客觀局勢都有利於完美主義的生成。擺在眼前的難題即是：考不

*註：成就動機是個體追求自認為重要、有價值的工作，並使之達到完美狀態的動機，即會以高標準來力求自己取得成功。

好、上不了好學校、進不了好公司、無法升等、拿不到證照或執照，這是社經地位上的事實，不是安慰幾句「放寬心」、「要練習轉念」就能顯著改變的。

對於實際上的利益，我們無可置否；然而更多時候，驅動人們奮不顧身的，並非利益，而是連考試成績都不能滿足的慾望，針對完美主義背後常見的成因，列舉如下。

## 來自父母或其他教養者過高的期待與過多的批評

父母或是其他家人（如：祖父母、親戚等）在教養上的態度，常常是構成完美主義特質的主要原因之一，過高的期待與過多的批評，都會讓下一代的自我期待變高，而自我評價也隨之降低，導致我們對自己永遠處於無法滿意的困境。

然而，光是要求父母等教養者去「了解並改正」自己的行為是不容易的，因為他們之所以這麼做，往往也是深陷在家庭動力中，身不由己。所謂的期待與批評，不過是將自身的挫敗、無力、憤怒等諸多情緒，轉而投射在孩子身上而已。

舉個例子來說明。有位年輕時髦的女性，從英國留學回來，生育了兩個孩子，一男一女，家境寬裕，孩子們在私立學校的表現也相當突出，各種活動都主動參加，獲獎無數，才藝和運動都精通。然而，這位媽媽仍然極嚴格地要求孩子的課業，考試沒考滿分，少一分打一下，鐵面無私。後來，兩個孩子到了青春期，都因為嚴重的完美主義——甚至是強迫症的問題來求診。

絕大多數人會直覺認為孩子的問題源自於媽媽的過度嚴厲。這想法或許正確，但光是指責，並沒有辦法解釋：媽媽為什麼要這麼嚴厲？

原來，媽媽在英國就讀大學時認識了先生，兩方都是富二代，雖然是自由戀愛，但婚後受限於傳統，先生決定回國繼承家業。由於經營的是傳統產業，在外不免應酬多，經常喝得醉醺醺回家，倒頭就睡。這位媽媽從婚前自由自在慣了的女孩，一下子變成要帶著兩個小孩的家庭主婦，落差實在太大了。原本對家庭生活的憧憬、昔日對事業的夢想、還有自我價值感等，全部都落空了。

然而，這位媽媽渾然不覺自己仍受到父權社會的禮教思維束縛，不知道自己「有權要求」先生分擔家務與共同經營家庭生活，以爲先生工作這麼辛苦、外面又沒有女人，已經盡到丈夫的義務，加上婆婆對她的家世與應對大方體面相當滿意，待自己也算不錯，因此，她的正當要求都彷彿是「不知足」、「不知感恩」、「想太多」，而只好忍了下來，壓力過大時，往往會把脾氣全部發洩到下一代身上。不自覺地，她把孩子當成自己的「事業」來經營，用盡全力來證明她並沒有身價貶落，結果導致兩個小孩承受了難以負荷的心理折磨。

當然，故事絕對不會這麼簡單，事實上，兩個小孩追求完美的原因也不一樣。哥哥說：「媽媽天天對爸爸發脾氣，只有看到我考滿分，才會有笑容。」而妹妹則說：「我跟哥哥的班親會是同一天，但媽媽總是參加哥哥的，從來沒參加過我的。」

這樣的故事，劇情不論怎麼改，結果可能都是相同的。比方說，我們將上述故事中的女主角換成一位中產階級的女性，她依然有機會對小孩做出同樣的事，然後說：「婆婆對我永遠不滿意，再加上小姑看我的那副嘴臉，我不能讓他們看不起我們家，一定要證明給他們看！」

就算把丈夫的人設也修改一下，狀況可能更糟，例如：先生為了照顧家庭，選擇不承接家業，而跟朋友另外成立一家小公司。先生選擇維護太太的結果，有可能會讓婆媳關係更加緊繃，表面雖然趨於平靜，但小倆口會知道需要拿出點「什麼」來平息婆家的壓力，倘若先生的創業之路不順遂，那麼，壓力就有可能轉嫁到下一代。

即使我們把家世背景改寫成中產階級婚姻，大幅降低豪門家庭常見的親屬關係壓力，那麼，新的壓力源就會轉爲生存問題——在高強度生存競爭的工商業社會中，雙薪家庭的家事分擔與教養問題，向來都是個難解的課題，當父母都在爲競爭而奮鬥時，不免會將生存焦慮移轉到孩子身上。就算父母自身順遂，也會擔心子女跟那些被他們擊敗的對手一樣，缺乏競爭力，或抗壓性不足，深怕他們在未來的世界裡，成爲落敗的那一群；倘若父母自身發展不順，更是難免將未完成的心願寄託在下一代。

假如，有一方選擇留在家中全職照顧小孩，問題更是雪上加霜。一方面，負責經濟收入的一方責任更大，壓力更重；另一方面，負責照顧家庭的一方同樣得面對個人價值、生涯規劃、人際互動等問題，畢竟，現代社會已經沒有傳統街坊鄰居的支持系統，全職在家的照顧者必須更能妥善安頓自己，否則，將會在都市的水泥叢林中被孤立。不管是在實質面或情感面上，一旦有了差錯，**孩子很可能就成了父母自我表現的替代工具之一**。

不難想見，父母過高的期待與批評背後，往往有更深的意涵，問題就出在無助的父母，以及孩子的「被工具化」所造成，不只是完美主義，還有可能成爲一種創傷經驗。

## 原生家庭本身的不安全

孩子並非僅只是被動地等待父母的管教，而是會默默窺探整個家庭的變化。因此，當家庭發生動盪，例如：家庭暴力、分居離婚、破產搬家等等，小孩即便無法理解背後的意義，他們從父母的表情與舉止也不難解讀：有大事發生了。

通常，父母出於保護下一代的心，不會對小孩講明事件內容，但這只會讓小孩把事件想像得更加可怕。而且，在青春期以前的孩子，通常沒有能力全面性思考問題，總會歸因給自己：「會發生這些事，一定是我不乖，做得不好，讓父母生氣，所以才會⋯⋯」

自我負向歸因、訊息不足、加上缺乏溝通，不少孩子會透過考好成績來彌補自己犯下的「滔天大罪」，或者，至少能讓父母稍微開心一點。倘若這個心願達成了，就會更加強化自我期待，進而發展出難以控制的完美主義。這種建立在利他性質的完美主義，比受到評價與要求的完美主義還難以撼動。

## 替代人際關係的障礙

由於會牽涉到考場的年齡層，幾乎涵蓋了兒童至青少年，外加成人早期，也就是受到同儕力量影響最深的時候。個人與同儕之間的關係，自然也會深深影響自己在成就上的追求。

除了成就動機之外，個人還存在著**人際動機**與**權力動機**，前者是受到同儕的接納與喜愛，是歸屬感的主要來源；而後者則掌握著控制感，是被尊重的需求來源。無論是人際動機或是權力動機，要遂行意志都需要「他人」的參與，此時，社交技巧與社會化程度便成了關鍵。

倘若因爲社交技巧不足而造成人際障礙的話，我們很容易會退縮回到自己的世界，以課業的優異表現來彌補人際上的挫敗，內心邏輯會變成：「哼！大家都不喜歡我，那又怎樣？我考試還是考贏你們！」像這種由「成就動機」獨挑大樑的做法，會讓他們爲了追求一個連自己也不覺得有必要的成績而努力，目的只是因爲他不曉得怎麼打入人群、如何被大家所喜歡。

這類現象從過去到現在都不可勝數，但共通點是：它會造成人們的負面情緒，然後試著透過努力追求成績表現，來克服自己的無力感，最後就是高估了成就動機。

如果這樣的努力是有效的（例如：讓父母暫時滿意，到處以孩子的優異表現說嘴），那我們對於完美主義的追求會更加堅定、牢不可破；如果這樣的努力是無效的（例如：即便成績每次都考第一，但還是被全班討厭），那麼，孩子就會在完美主義之外，因爲習得的無助，而多增加了陷入憂鬱的可能性。

◇

如果你也曾因爲在考試表現上太過追求完美，或者因爲結果不如預期而過度苛責自己，我們在釐清了背後的因素之後，接著來談談該如何緩解這樣的情況。

## 從掌握全貌開始

面對自己在考場上的完美主義，最直接的解決之道是——**認識問題的全貌，無論你在其中扮演的是哪一個角色**。不管你是突然驚覺不對勁的母親也好、正置身在痛苦中的孩子也好、在回憶中想起那段不堪經驗的年輕人也好——覺醒，並弄清楚故事全貌是首要的一步。

剛開始你可能會認爲，就算知道問題點，但沒辦法解決，又能改變什麼呢？然而，隨著你把每一個「問題人物」不合理的要求背後，那個受傷的心揣摩越深，你就越知道該如何去「應付」他的問題。這裡用了「應付」兩個字——是的，不是「解決」對方的問題，因爲你充其量可以建議對方去尋求專業協助，而你置身其中，又與對方有千絲萬縷的關聯，不可能站在自己的立場去解決對方的困境。

作爲身處於系統之內的你，需要學會的，是如何讓對方的問題不要成爲你自己的問題，例如：面對長輩的壓力，你可以與其他兄弟姊妹一起討論，大家共同分擔，互相掩護；或者找其他明理的長輩，成爲自己的強力後盾。如果是家庭動盪帶給你不安全感，試著好好地跟家人討論。若是不清楚前因後果，只會更加焦慮，不如說個明白，心裡會更踏實。

如果是人際上的困擾，那可能就要視情節輕重，看看是否有霸凌的問題，必要時，需尋求專業心理治療機構的協助；若是單純的人際關係，我有幾個建議。首先是觀察學生班級的性質，倘若是小團體衆多、同儕個性強烈，有炫富、恃強凌弱傾向較嚴重者——則通常暗示著導師的教學經驗缺乏，或是學生來源特殊（例如：家人長期在海外、富二代、單親、隔代教養者偏多），類似情況需要孩子跟家長反應，待家長了解情況之後，與學校共同商議處理方式，結果可能是：拆班、換導師、輔導系統多加留意等等。

倘若學生班級並無特別異常，而是孩子社交技巧較爲薄弱，目前坊間有不少以人際互動爲主軸的營隊活動，其中不乏在業界長年耕耘、頗具權威的機構，如友緣基金會，每年寒暑假都會舉辦國中小的營隊；其他也有不少對教育有熱忱的年輕團體投入，資源在輔導室或網路上都能找到。

其次，如果害怕這類團體會有標籤性，轉而參加一些冒險治療的團體也是不錯的嘗試，形式上雖然以親近大自然或保育等活動爲主，卻能爲孩子找到一個學校以外的非競爭性同儕團體，讓孩子明白，「優秀」並不是受歡迎的必要條件。

孩子自己如果無法取得家人的支持，那不要害怕走進輔導室尋求協助，如果某個老師不能了解自己，那麼，換一位也許更好。

總之，把問題回復原貌，妥善處理好根本性的基礎。即便問題仍繼續存在，但可以讓它對自己產生的影響降到最低，不需要透過表現卓越來取得替代性滿足，也就不至於掉進完美主義的陷阱。

# 〔複雜的競爭與階層——職場〕

儘管職涯跟考場經常是重疊的，在多數時候，後者僅存在於兒童、青少年至成年早期，而前者卻橫貫了人生中最精華的歲月，直到退休。本章聚焦於初入職場的階段，由於一畢業就直接創業或接家業的人屬於少數，我們主要以受薪階級的情況來探討。

從校園剛踏入職場的人們，也會面臨一些課題，通常是延續並激發原有的完美主義特質，但有些則是新的問題，分述如下。

## 競爭規則的模糊化

職場對於組織成員存在著一種強烈的「功能性」社會期待，這是過去在學生生涯中不曾有過的體會。簡單講，一個人想要在職場裡長期存在，就必須是「有用的」，否則，他就無法站穩腳步。

理論上，這個功能性應該是針對企業的成立宗旨所設計的，因而成為擇才、考核、獎懲與升遷的基準，然而實際上，沒有任何一種管理制度是完美的，代理人問題（Principle agent problem）難以解決，層層管理者都會在「有用」的標準上增添一些私利考量，再加上團體動力的運作後，所謂「有用性」的定義就會變得難以捉摸。

俗話說：「出了社會，不只要會做事，還要會做人。」畢竟，「人」才是度量萬物的標準，你自己滿足沒用，得到客戶的稱讚也不夠，多數情況下，還得要你的主管跟同事也滿意才行。

單純的考核標準因此複雜化，自我評價原本就不高的完美主義者會更加焦慮，總想捕捉一些規則來讓自己放心。然而，什麼才是「好」？什麼才算「對」？工作績效是最表象的遊戲規則，但隨著社會歷練的增加，各種違反規則的事件越來越多，例如：有才幹的同事遭到忌妒而被排擠去職、諂媚奉承的主管一路官運亨通、謹愼行事的友人遭下屬連累而官司纏身等，職場的道路越來越難行，再努力也未必能擔保得了什麼。

而競爭規則的模糊所帶來的，就是更高的焦慮反應，與相對應更嚴重的完美主義行爲，包括：過度要求、討好、拖延、批評、轉換跑道等等。

## 生活視野的擴大

步入職場後，生命進入另一個階段，需要考慮的事情更多，像是：待遇如何、升遷管道、生涯發展、出國進修等，很自然地成爲我們需要盤算的課題；不用多久，買車買房結婚生子等也會陸續到來，即便自己什麼都不考慮，同事朋友的消息也會不斷提醒你，現階段的人生已經大不相同了。

由於消費能力逐步擴張，人們很容易成爲商業行爲的推銷對象，在活躍的社交活動下，所接觸的社會階層形形色色，可供「比較」的事物也快速增加，人們的「自我期待」有了更寬闊的上升空間。雖然自我期待未必就會因此提高，但可供想像的空間確實增加了，面對各方面無窮的可能性，在充滿希望的同時，更帶來了「如果希望未能達成」的焦慮。

## 公司文化背後的社會隱喻

除上述之外，社會上絕大多數的訊息並非透過口語傳達，而是一種約定俗成的隱喻，透過一連串的默契而完成交流。其中，有大量的符號會被使用，可能是一個眼神、一個動作、一個姿勢，甚至只是站在什麼位置上，你的心意就已經被傳達了出去，而能被別人正確解讀。

舉個例子，當你站在公車等候區，目視著想要搭乘的公車，司機就會開到你面前，停下來打開車門，你走上車，刷了卡，司機關上門，隨即開動。到了目的地，你無需按鈴，只要走向門邊，司機就會在下一站靠邊，讓你下車。

整個過程如同在演默劇一般，每天在這個快速運行的大都市上演，大家以各種隱喩，就能知道彼此的意思，包含自己該做什麼、不該做什麼，幾乎不需要主動開口——但，這是先天就會的嗎？當然不是！是透過社會觀察的結果，先看看別人怎麼做，自己試過幾遍，發現能順利進行，即使起先有些生疏，熟悉之後也就漸漸習慣了。

而另一個大量使用隱喩的地方，就是職場。例如：寄給經理的信，一定要副本給全計畫的人；提交給主任的文件，在下午三點之前就必須放在他的辦公桌上；在座位上聊天時，盡可能不要聊到老闆剛從溫哥華回來的大兒子……

這類說法，不管哪個組織內都有。然而，這還不是隱喩，只是潛規則而已。所謂潛規則，是大家都知道自己要做些什麼、不該做些什麼的非正式規則；而隱喩涵蓋的範圍更廣、更難以捉摸——因爲連使用者也未必清楚知道自己在做什麼。你可以把「隱喻」視爲是「公司文化」的組成元素，**組織文化就是由一連串隱喻所撰寫而成的**，它規範了事情應該怎麼做，什麼行爲是被肯定的，什麼是禁忌等等，需要公司同仁共同遵守。新手儘管不清楚，但牴觸組織文化的隱喻就容易倒大楣。

由於隱喻無法透過書面傳授，只能由當事人自己觀察，充其量在事件爆發時，藉著資深同事或前輩的面授才有機會明白。這種看不見、摸不著、只能心領神會的隱喻文化，對於孜孜矻矻想做好分內事的完美主義者來說，是一個很嚴峻的考驗。

## 黑羊效應對社會新鮮人帶來的傷害

最後，我們來談談黑羊效應。指的是：當一個團體的流動率過大，組成分子都是新人時，這些新人因爲存在著被排擠的恐懼，因此，亟需一種被團體認可的方式；倘若這時候團體中出現了衝突，弱勢的一方很容易被當成黑羊，大家共同參與欺負這隻黑羊，進而在過程中，加害者便能間接獲得「我們是同一國」的同舟共濟感。

舉例來說，新進同仁小萱，無意間弄倒了組長莉萍的水杯，趕忙連聲道歉，本來這只是小事，以莉萍的個性，根本不會計較，但是莉萍剛剛因爲廠商訂單的錯誤，心情受到影響，當下就罵了小萱一頓。隔天，莉萍見到小萱時雖然有些尷尬，但怕面子掛不住，依然板著一張臉。而小萱只好繼續不停地道歉，態度越來越卑微。

本來事情到這裡就該結束，然而，其他新進同事爲了討好組長，開始背地裡散播小萱的壞話，說她做事粗心大意，慢慢地，加入說閒話的人變多了，一些事不干己的同事，爲了擔心立場被誤會，也開始附和幾句，於是聲討小萱的人就越聚越多。

透過黑羊效應，霸凌就此開始了。小萱不知道自己做錯什麼，但家中長輩都「鐵口直斷」說她一定犯了錯，必須好好反省與道歉。偏偏小萱越是低聲下氣，越是造成加害者良心不安，只好找更多「小萱其實沒那麼無辜」的證據來顯示自己並不是壞人，於是排擠狀況越演越烈。

黑羊效應是一種無理由、無目的、甚至無惡意（剛開始）的加害行爲。緣起於團體的集體不安全感，人們急於找尋認同的工具，卻意外地發現，一同惡意中傷某個被害者（黑羊）是最有效的交心方式，就好像古代貴族透過打獵來結盟一樣，只是獵物換成了人類。受害者會感到特別痛苦，是因爲完全不知道自己究竟做錯了什麼——事實上，「被攻擊」與「表現得如何」一點關係也沒有。

完美主義者成爲黑羊的情況並不少見。原因是，當不合理的攻擊（如：惡意挑剔）發生時，**完美主義者會盡可能討好別人，把事情做到最好，當作什麼事也沒發生**。然而，這些行爲會被群眾解讀爲挑釁（想像一隻被砍了很多刀、卻還不死的羊，只會激發群眾更深的罪惡感與厭惡感），結果就會招致更多的攻擊。

一旦成爲黑羊，通常會對當事人的內心造成重大的創傷，對自我產生懷疑，降低自我評價。爲了對抗自卑感，在受害者內心，會拚命想證明「我是有用的」，沒有他人所說的那麼壞，更不是親朋好友所說的「一定是自己有錯在先」，往往會導致完美主義者過度犧牲以追求卓越，而使得自我期待大幅提升，造成低落的自我評價與高漲的自我期待之間的差距拉大，讓完美主義的行爲變得更加難以控制。

## 從他人或自己的生命經歷中尋找答案

基本上，倘若發生黑羊效應，千萬不要小看它，這是心理問題的一大創傷事件，你可能會需要求助專業，把當時的傷口給處理乾淨，包紮好，待癒合出新生的組織才會恢復健康。就好比肚子被捅了一把刀，或許沒傷及要害，但也不能說：「我不會痛，傷口會慢慢癒合。」然後就繼續生活下去。只要刀沒拔出來，就可能在未來的某一天，因為其他事件而導致傷口再次流血。

社會隱喻的部分，則能夠透過「學習」來克服。通常知識的樣態有兩種，包含如下（缺一不可）：

- 聽來的知識：藉由詢問別人，聽取權威者的說法，建立知識系統。
- 看來的知識：透過觀察，控制變因，找尋答案，把答案與問題之間的關聯性連接起來。

倘若你是在教育體制下長大的乖乖牌，老師說什麼，你就做什麼；到了職場，你可能會相對缺乏「看來的知識」，因為社會隱喻雖然被大家所遵守，別人卻未必明白它的存在，更不知道如何教你，你必須主動發問，從現實中發現端倪，自行尋找答案。如果不知道如何開始，不妨從坊間書籍、課程、甚至從網路、影片上去觀察別人的經驗。但記得要保持一顆存疑的心，透過不斷的嘗試與求證，得到屬於自己的結論。

相反地，如果你生來就不愛麻煩別人，喜歡自己尋找答案，在面對社會隱喻時，你需要增加與人的互動，增添「聽來的知識」，因爲社會課題常需要換位思考，別人的答案未必更高明，卻能帶來更多啓發，例如：「怎麼會有人聯想到這種事情上面？」但事實上就是會，你若不打開耳朵去傾聽，永遠都不會知道別人在想些什麼。

至於生活視野的擴大，導致慾望增加、資源有限的感覺，解決之道卻相當有意思——那就是繼續拓展自己的生活視野，不要停下腳步。恐懼的極限還是恐懼，慾望的極限仍是慾望，與其自我設限，剝奪感官刺激，讓恐懼與慾望透過想像無限膨脹，還不如讓更多人、事、物進入心中，體會到一切的有限——宇宙之大，能人之多，天外有人，你無須駕馭世界，世界也不會討厭你，放下「想控制誰」、「想贏過誰」的比較心理，你就能好好地與這個社會和平共存。

在打開心扉之初，我們的焦慮感可能會暫時增加，此時，請記得堅持下去，放低身段，不要隨意批評，向萬物禎會生存之道，最終你會理解到：**自己根本就不需要是什麼重要人物，也不會因此而被人所嫌棄**，就算不是百年難得一見的奇才，當個「普通的天才」也很好。翻過了山，眼界就會變得開闊，在面對多元社會的飛速進步之下而無所不在的焦慮，「見多識廣」更可能是重建自信的好方法。

最後，是面對模糊的競爭規則，可以把它視爲人生主動進行「風險管理」的開始。成功的條件，不再像學生時代那樣簡單，各種複雜的社會動力、團體動力，甚至政治權力衝突都會牽涉其中。請務必把握好一件事，那就是「道德」。道德並非一種先天性、規範性的教條，而是一種降低風險的有效工具。任何遊走在灰色地帶的行爲，固然能換來顯著不相稱的高報酬，卻伴隨著極高的風險。

你必須爲自己設好人生風險值，若設定太低，可能庸庸碌碌、過著消極的生活；設定太高，你的人生將如同走鋼索般，即便有機會成功，隱含的巨大風險也會讓期望值變爲負數，只要你活得夠久，成就的崩塌之日就越難避免。

人生就好比拿左輪手槍朝腦門開一槍，裝越多子彈，你就越榮華富貴——你想裝幾顆子彈？一顆或五顆？還是一顆也不要？

每個人所追求的成就並不相同，辨識眼前的選擇，也就是認清自己的風險承受能力，至於超出負荷的部分，就透過最有效率的風險規避工具——「道德」來幫你判斷吧。

## 在看過你脆弱的人面前——伴侶關係與婚姻

伴侶關係建立在兩人以長期相處的共識爲基礎上，且有共同生活的意願，不以婚姻關係的存續爲要件。但受限於資料與實務經驗，以下提供的建議主要以傳統的異性婚爲例，在類推到更廣泛的伴侶關係時，不一定能完全類比適用。

### 兩人關係不能建立在「付出—收穫」的模式上

在伴侶關係中，常見的一個情況是：人們無法從過去的「付出—收穫」模式中轉換過來，總把伴侶關係視爲另一種工作來經營。好似我付出越多，我才有可能（或「理當」）收穫越多；反過來看，對方也會同等要求相對應的報酬，**我必須付出夠多的「回報」，否則對方終將放棄我**。

在這樣的思維主導下，男性很容易掉進一個陷阱：我必須辛苦工作，一肩扛起經濟的重擔，讓家人過上美好的生活，每年至少出國旅行一次，這樣我才是一個好男人。

這想法深受父權主義影響，表層邏輯是：女性的主要責任是帶小孩、把家庭照顧好；更深層的內心恐懼卻是：丈夫不斷高估所謂的「男性價值」。一個強大、每件事都能搞定的人才有價值，若是承認自身能力不足、願意學習、善於溝通、尊重彼此都是軟弱的象徵，並不會因此得到社會的肯定。

姑且不論是否忽略女性的自主意識，現實的問題是——從來就沒有人可以如傳奇故事中的王子，光靠天賦與努力就能打造一座堅不可摧的城堡，抵擋所有凶險，讓心愛的公主可以無憂無慮地住在裡面。

當男人越是努力，生存壓力就越會讓他的內心感到不平衡，他望向另一半的眼神裡，不再有滿足感，取而代之的是更多的期待。丈夫覺得自己如此辛苦在外頭打拚，不管是加班、跑業務、搞定客戶、伺候上司、在公司鬥爭下存活，或是與合夥人奮戰、周旋於難纏的股東之間──回到家中，便會期待自己被服侍得妥妥貼貼，什麼責任都不必負擔。不僅家事不用做，小孩不用管；情緒更可以恣意放縱，一有不耐煩就發飆；只要是眞心話，再傷人也可以講。

然而，看到太太週末出門和朋友們到處喝下午茶，過得幸福又充實，或是購買了自己用不到的昂貴保養品，丈夫就不由得一肚子火，卻也不好發洩，於是心中的委屈便轉爲冠冕堂皇的要求，像是：「把家顧好！不要一天到晚想往外跑！」於是，王子夢想中的城堡變成監獄，公主只好入監服刑了。

就算眞有萬中選一、心胸寬大的男人，家底雄厚，事業又不用操心，那麼，替他打抱不平的人就會接二連三冒出來，若非男人的母親（婆婆），就是其他親戚，甚至是更多想取而代之的「小三」，這些人會圍繞在男人身旁，不斷擾亂他的心智，教唆他「多爲自己著想」。

即便現實生活並沒有那麼美好，深受傳統影響的男性依然爲了城堡的夢想，承受著無以倫比的壓力，誇張地拉高自我期待而不自知，卻造成完美主義行爲爆發，讓整個婚姻一起陪葬。

曾經有對一同來諮商的年輕夫妻，太太抱怨先生天天加班，回到家裡就是睡覺，假日也都要到公司加班，根本沒有兩人相處的時間。而先生則是感嘆道，爲了讓兩個人有美好的未來，他拚命攢錢買房，太太卻完全不能體諒。

有意思的是，當我問先生：「其他同事都像你這樣加班嗎？」得到的答案卻是否定的，這引起了太太的興趣，終於在追問下，先生才坦誠，其實在公司他很容易感到焦慮，不斷反覆做著重複的動作，希望把每件事情都做到最好，主管卻認爲他浪費太多時間，很沒效率，於是在心急之下，就索性不打卡，偷偷加班，只爲了把事情做得更好，讓主管刮目相看。

「所以，你爲了給太太一個美好的未來，卻吵到連婚姻也快沒了？」我說。先生點點頭，神情有些激動。「但是，我跟他們不一樣！我是眞心爲家裡好！我已經累到像條狗了，到底還要我怎麼樣？」

這是一個很經典的案例。男性把「付出—收穫」的投資模式用在伴侶關係上，卻不知道另一半所希望的，不是像個公主般被照顧，而是更在意兩個人攜手共同爲這個家努力奮鬥的過程。不知不覺，卻深陷完美主義的焦慮之中而無法自拔。

反過來，在女性身上，類似的心理同樣存在。當女性在原生家庭中沒有機會得到「被愛、被寵或被珍視」的經驗時，她們在伴侶關係中很難體會到另一個値得的人（她挑選的，當然有價値），爲什麼願意不求回報地爲了她付出這些愛與關懷？實際上，當她得到了越多的關注與愛，只會感到更加不安，覺得應該加倍回報，否則，她會擔心對方生氣，下次就不願意繼續對她好了。

事實上，被愛且不需要報答對方，也就是「從容接受被愛」，是一種難能可貴的能力。**相信「自己是值得被愛」，是需要後天學習而來**。在被愛的過程中，需要等待別人來愛你，而不能選擇何時、何地、何種方式，更不能確定對方一定會採取行動，也就是說，主導權並不在自己手上。因此，很多人寧可選擇先主動去愛對方或甩掉另一半，而不願讓一顆心懸在那裡。

然而，在伴侶關係中，如果你無法「被愛」的話，就只能持續停留在「愛人」的狀態——這固然會給你安全感與主導權，卻無法讓人好好放鬆與休息，而且在不斷付出的過程中，我們很容易矮化自己的地位——因爲對方會越來越習慣你的付出，並將它視為理所當然。

對於家庭主婦而言，光是如何爭取到自己被平等對待的地位，不被別人說閒話，就足以讓自己受困於完美主義的陷阱中了；至於對工作女性來說，在家庭與工作兩頭燒時，要如何善用有限的時間做好職務上的本分，又能兼顧家庭，焦慮的風險則會更高。因此，學習如何安心地享受被愛，一直是關係治療中的重要課題。

試著回想，兩人當初決定在一起時，就必須深刻地了解到，伴侶之間絕非要比較誰厲害、誰付出更多、誰需要照顧誰。相反地，伴侶關係近似戰友或夥伴，是為了兩人的共同目標而決定一起生活——除此之外，不管是照顧模式、討好模式、投資模式，甚或是下一段要提的競爭模式，都只是錦上添花，別因為受到社會氛圍的影響，而忘了共同生活的根本。

## 兩人並非競爭關係

兩人關係可以是因爲仰慕、依賴、照顧、共同學習、互相砥礪而開始，當相處日久，最初動機必然逐漸弱化，如果不能發展出新的互動模式，就更有可能因爲彼此熟識而導致分離。

在關係中的人要理解到，不管你在外面受到多少人尊敬、佩服、追求，甚至崇拜，回到家，與你朝夕相處的人不太可能以相同的方式看待你，你必然也會有表露出人性脆弱面的時候，此刻，你的風華褪盡，最原始的樣貌自然呈現，你將是不討喜甚至醜陋的。

而伴侶關係的價值便在於，即便知道彼此的原來面貌，依然能夠接納對方，也知道自己是能夠被接納的，這樣建立起來的信任感與安全感，有助於雙方在關係中卸下自身的鎧甲，而得到暫時的休息。等回到各自的戰場，再行武裝，帶好面具，去當那個社會所期待的自己。

如何做到這點，是伴侶關係的最高挑戰，已經遠遠超出本書所探討的範圍，我們只能指出，當人們做不到這點，卻又因爲相處已久，不知不覺卸下鎧甲時，就很容易因爲缺乏安全感，而以攻擊、挑剔來作爲自我防禦。當雙方都這麼做時，就會導致各自受到傷害，直到包容與愛情磨損殆盡。有人會演變爲「熱戰」，最終危及伴侶關係，多數則會演變成「冷戰」，各自追求發展，作爲競爭手段。

熱戰，會導致雙方正視問題，但冷戰卻很容易被視爲常態，認爲老夫老妻本來就是如此。就像一位企業家被問到自己如何創業成功的祕訣時，他表示：「因爲娶了個太會花錢的老婆，所以只好事業有成了。」雖然這只是個玩笑話，但其實也可能反映了一個潛在問題——先生忙於工作，而太太忙於社交，兩人各自從不同領域取得成就感與自信，卻缺乏私領域的交集。雙方都期待自己的價值與「戰利品」被看見，但因爲從對方身上找不到，只好繼續在自身的領域孤單前行。

在上述的例子中，最大的幸運是先生事業成功了，萬一，如果不成功或者沒那麼成功呢？那就會是我們經常看到的現實狀況：一個充滿壓力的家庭，以及努力、好強、競爭、在成功與失敗之間載浮載沉、無法休息的兩個人。

## 訊息透明與充分溝通的重要

訊息透明或許會少一分驚喜。然而，熱戀期終究會退去，眞正要好好經營的是一個有溫度的伴侶關係（而非冰冷的室友關係）。如果要讓關係能夠維持到天長地久，那麼，兩個人的默契養成就顯得十分重要。

倘若一方的言語、行爲舉止甚至行蹤，是另一方所不熟悉的，那麼，這段關係就會存在著張力，因爲**資訊不足本身就是壓力源**，我們不能譴責一個什麼訊息都得不到的伴侶，對於自己的行爲顯得過於神經兮兮，因爲缺乏資訊會引發強烈的焦慮，這本來就是人性，而非不夠信任對方。

然而，完美主義者的拖延性格與逃避特質，卻很容易造成誤解。並非自己做了什麼虧心事，或是刻意要隱瞞什麼，事實上，根本什麼事也沒有發生，就只是因爲內心深處覺得自己做得不夠好，或者希望能做得更好，因此在面對另一半的詢問時，給出了一個模擬兩可的答案，甚至避而不答。倘若不加以注意，光是拖延與逃避，就足以成爲伴侶關係的殺手。

事實上，跟所有關係一樣，伴侶之間並不需要完美主義的束縛。當你把事情準備到至善至美，才願意讓另一半知道——這樣的資訊封鎖絕對只會壞事。放下你對「自我評價」的要求，好好地想一想，倘若你連眞實的那一面都不願意讓另一半看見，那你又要如何跟對方走下去呢？

比起完美無缺的表現，那個時而堅強、時而軟弱，卻值得被愛的兩人，才是維持關係的重要角色。請記得允許自己和對方犯錯，別過度苛責彼此，生活即使不完美也能豐富而完整。

## 孩子得不到滿分的難題——親子教養

父母中只要有一方是完美主義者，在照顧上就要特別注意，千萬不要把自己的行為模式套用到下一代身上，否則，完美主義是有自我代間複製*傾向的。父母之間必須共同努力，協調好管教方式，盡量讓小孩能夠以自己的特質成長，避免受到父母的完美主義所傷害。

### 注意自我界線

在教養的過程中，完美主義者容易因為用心過度，而忽略了父母和孩子兩者是獨立的個體。過度干預小孩的成長，一則剝奪了他們學習獨立的機會，讓社會化的歷程受到干擾，二則讓孩子承受來自父母過高的期待，反而容易累積壓力，讓他們學習到討好、無助感或情緒控管的障礙。

在兒童階段，孩子可能還不懂得反抗，所以內化父母特質的風險會更高。小孩會透過觀摩，毫無保留地認爲父母的行爲模式都是正確的、好的、值得學習的，並將之吸收成爲自己特質的一部分，包括各種完美主義行爲，諸如：缺乏彈性、求好心切、逃避、善於批評等等。因此，千萬不要以爲孩子年紀小，還不懂事，沒關係。其實，幼兒園到國小時期，正是孩子大量模仿父母行爲的階段。

當孩子進入青春期，懂得自我覺察之後，容易與父母產生衝突，在同儕團體因爲缺乏經驗而感到挫敗與退縮，由於無法找到自己的定位，而以成就動機作爲成就感的單一來源。此時，自我期待會快速上升，在缺乏自我價值的肯定下，自我評價與自我期待的差距便會越拉越大，進一步導致先

---

＊註：意思是家族中的價值觀、信仰、文化、生活態度、習性等會在家族之間代代流傳。

前學習到的完美主義特質具體呈現出來，而完成了完美主義的代間複製。

如果你自知有完美主義的問題，不管小孩有多小，都請謹記「自我界線」的重要性。這意味著你所有的努力，都只能達到你自己身上爲止；而小孩的所有作爲和成就，都跟你沒有關係，那是他的生命與人生，他要怎麼定義成就，是他獨有的特權。**當孩子出生的那一刻，你就得接受他不再是你們的一部分**——縱然他身上有你的基因，能看到相似的個性，受到你的撫育；然而，你們擁有不同的父母，你得到的照顧跟他得到的並不一樣，他面對的世界環境也與你曾經面對的不完全相同，他需要的生存技能跟你賴以維生的能力也必然有所出入。

儘管你有滿腔熱血、萬分著急、不願意他在未來重蹈你的覆轍——也請記得尊重他的生命。他不是你，他有他的能力，有他的人脈，有他的運氣，更重要的是，你們的家庭願意給予的資源也不一樣，而他將來要面對的世界也跟你所認識的截然不同。宇宙間沒有永恆不變的道理，孩子也不需要父母一一耳提面命，即使遭受到了挫折，也是他們寶貴又無可替代的經歷。

## 找回自己的戰場

有些人會把注意力全部轉移到下一代，其中可能的原因是：到了某個年齡，自己的事業進入了停滯期，難以有大幅度的發展，卻也不至於岌岌可危。年輕時的衝勁忽然不知道該往何處前進，因爲踩不住剎車，於是一股腦傳承到了下一代的身上。

另一種情況則是那些爲了家庭而放棄工作的人，當小孩逐漸長大，想回到職場，卻發現自己已經沒有辦法再趕上當年最菁英的那一群，如果心態沒有調整好，可能又會再次退回到家庭裡，把自己的遺憾寄託給下一代，讓孩子承受難以負荷的壓力。

人生中，無可避免的是犧牲、委屈與包容，但是不要忘記：當自己爲了現實而體現這些偉大的情操時，內心容易留下不平衡的感受，累積久了，爆發出來的力量卻相當傷人。因此，我們要把握好每一個時機，當機會來臨，例如：小孩上了小學，時間突然空了出來，此刻，就不要繼續躲在家裡，或是停留在「待機」狀態，盡快回到妳原本的舞台，想想過往在學校、職場揮灑自如的模樣，找到妳擅長的領域，把妳不得不做出的犧牲減到最低。

當你開始爲自己而活，以自身爲榮，並樂於展現自己，不管你是活得越有成就、越快樂、越多采多姿，或只是有不同的人事物進入你的世界——**你都不再把全部的注意力寄託在單一對象**，只期待著孩子的表現，等候別的生命來滿足自己的存在。

## 保持一致而有安全感的教養環境

安全感對於孩子的重要性，遠遠大於任何正確抉擇或出色表現，因爲安全感決定了他在將來未知的環境中，選擇承受壓力與接受挑戰的意願。

在充滿安全感的環境中長大的小孩，基於過去的經驗，他們於一生的學習與工作場域裡，傾向相信自己會被支持與包容，嘗試與努力也會有所回報，因此願意積極進取，忍受挫折，以換取最後的成功。相對地，當父母求好心切，要求過高，動輒發脾氣，疾言厲色指責甚至體罰，孩子就會生存在恐懼之中，若非變得自我要求過高，面對挫折能力低下，情緒控管出現障礙；就是退縮不前，少做少錯，選擇躺平。

安全感有賴於父母的有效溝通與態度一致，然而，若雙親中有一人或兩人是完美主義者，卻會造成一個常見的問題：有人嚴格，另一半寬鬆，或是轉而要求其他面向；有人循規蹈矩，另一半卻帶頭唱反調。這容易引發夫妻之間的衝突，爾後，**小孩便會把衝突歸責到自己身上**，認爲是他做不好，才引起父母吵架，導致完美主義的代間複製。

父母在孩子面前必須保持一致的教養態度，就算對於彼此的行爲模式並不認同。這並不意味著兩個人必須演一齣和樂融融的家庭倫理大戲，讓大家價値觀都一樣；相反地，兩個人應該保有各自的獨特風格，更無須避諱個體差異（反正孩子也看得出來）——僅在教養上，雙方採取一致的標準。比方說，也許生活常規部分，以母親爲主；學業部分，以父親爲主；或是兩人一同讓步，建立新的標準。如果有差異，私底下再進行溝通。

實務上有個更具體的做法——**要求比較寬鬆或是主動性比較高的那一方，在採取任何行動之前，都先徵得另一方的同意**。若父親要求比較少，但是母親講究完美，那麼，父親在跟孩子達成任何協議之前，都得經過太太的同意。如果太太不同意，就得先說服太太，直到兩人的意見一致，先生才能付諸行動，例如：帶孩子出去玩、豁免孩子任何義務之類。

有位先生曾經和我抱怨：「我太太最愛說不，長期以來都靠我私下跟小孩打氣，不然他越來越膽怯，什麼都不敢嘗試。現在你要我事事都得先徵得太太同意，我實在很爲難。」

當時我淡淡地回答：「那麼，讓你聽聽看，小孩告訴我某天的場景：早上媽媽說，今天不准玩遊戲，小孩點點頭，一臉委屈；中午吃過飯，你偷偷跑去跟小孩說，玩一下沒關係，媽媽管太嚴了。你費盡唇舌，小孩終於被你說動，父子倆一起上網，玩得很開心。不久，你累了，決定回房間睡午覺。此時，媽媽突然走了進來，小孩只來得及關掉程式，但電腦還開著。這下慘了，他內心陷入天人交戰，要坦白說是爸爸允許的？不行！爸媽會吵架；要說是我想玩電腦的？不行！一定會被大罵一頓。最後，他只好撒謊，說是在寫功課查資料，還好媽媽接受這個說法。」

父母意見不一又不事先溝通時，小孩夾在大人中間不僅辛苦，且因爲動輒得咎而產生的不安全感與罪惡感，往往是父母難以切身體會的。

不管另一半有多難溝通，你都應該明白：如果大人之間不事先溝通好，就相當於把問題丟給小孩自己解決。這是教養上的大忌，應該盡可能調整。當然，如果另一半的態度已經糟糕到可能傷及小孩，例如：太過頑固、負面思考、偏執，甚至是病態性否定，那麼，你可能需要徵得專業意見或共同接受伴侶治療，進一步考量這段婚姻的存續是否還有必要了。

## 卸下世俗成功的光環以後——退休生涯

很多人在退休的第一天，吃完早餐後，依然習慣性地坐到電腦前，發現上個月還密密麻麻的行事曆，現在突然多出了不少空檔；打開手機裡的聯絡人資料，滿滿都是事業上的夥伴，少數一些兒時好友，卻又因爲多年沒有聯絡，不知道要跟對方說些什麼。

許多人在退休之後會有這樣的感覺，宛若時代巨輪繼續推移向前，而自己卻像個被遺落下來的零件，好像找不到容身之處。

## 退休生活的規劃

對於一個完美主義者來說，退休有時是致命的。因爲退休意味著過往獲取存在價值的生存模式就此結束。不能再透過工作表現換取成就感，沒有獎勵金、升遷、被挖角等激勵自己的工具；另一方面，伴隨工作而產生的人際互動與生活模式也不復存在。不需要跟討厭的客戶、上司或同事見面，不用早早起床、通勤、打卡上班，可以睡到自然醒，醒來後安心吃個早飯，出門散散步，見想見的人，做想做的事——問題是，你知道自己想見什麼人？想做什麼事嗎？

也許你曾經有過很癡迷的愛好，身邊有著與你一起樂在其中的同好，陪你歡笑、陪你憂傷、陪你哭的夥伴，但在漫長的辛苦工作之後，你有多久沒有投入時間在你的嗜好上了？有多少年沒聯絡這些同伴與朋友了？

即便有人考慮到此，早早退休，但是主客觀環境也未必能讓他如願。一位四十歲前就達到財富自由的創業成功者，在經過一段「退休」後，決定再次投入工作。他說：「我曾經發願，要把百大重裝潛水的景點都玩遍。我四十歲退休，想趁著還有體力時完成心願。結果問了所有潛水的好友，大家都沒空陪我，還帶著既羨慕又嫉妒的口吻對我說，我們哪有你那麼好命？大家還要工作耶！但事實上，他們早都跟我一樣財富自由了，但是就不願意退休。我也無法說什麼，有些時候，不是你觀念想通就沒事了，當整個環境都不改變，你一個人改變也沒有用。」

**退休帶來的衝擊，對於男性的影響遠大於女性**。因為男性在漫長的工作期間，容易將全部生活重心放到工作上，導致大量的人際關係都轉變成工作上的朋友，絕大多數活動也都跟工作有關。於是不知不覺中，每天的生活節奏與工作也自動同步，一旦離開工作崗位，就等同切斷全部的人脈與社交，讓他們很難想像要如何獨自生活下去。

女性的適應性也優於男性許多，一來是女性會繼續保有非工作上的朋友——即便是工作同事，也大多會有私交上的往來。女性的社會連結通常優於男性，社會參與也比較多，在年齡增長後，身體健康通常也相對更好，參與社會活動的體能與精力比起男性要來得充足。但是女性可能會負擔較多的社會責任，例如：要照顧好面子又適應不良的退休老伴，同時關心年邁的父母或公婆等等。有些時候，還要在脾氣大變的丈夫與成年孩子之間，扮演衝突調停的角色。

也因此，男性的完美主義者在面對退休的風險稍高於女性，前者聚焦於成就動機、失落議題與悔恨感；後者則受角色負擔過重、缺乏自我實現所困擾。無論如何，兩者都會共同面臨到，在短時間內，因為不再需要高度競爭與表現，感到無所適從，而非原本期待中的放下與解脫，這可能會為我們帶來更大的沮喪感。

最佳的處理之道，就在於預防。不要等待退休發生之後，才慌慌張張開始傷腦筋要如何安排生活，同時也不要把退休生活想像得太美好、太過不切實際——**退休絕對不是解決現實任何苦悶與難處的解方**，此刻你過不去的（例如：不受重視、容易被孤立、講話太直易傷人等等），退休之後一樣不會立刻改變。

退休應該是一段全新生活的開始，有新的學習、新的旅程需要適應，而不是放棄、責任豁免與問題的自然結束。如果能夠先有這樣的心理準備，就可以避免現實與預期之間落差太大。

## 增加社會參與

那麼，新的學習又是什麼呢？

不妨想像成小小孩要上幼兒園一樣。長久的工作，已經將人的思維與心靈禁錮在工作中，退休是一種解放，讓你從工作中返回社會，再次以自由人的身分參與社會。

參與的方式各式各樣，從學習性、社會交流性、娛樂性質、心靈成長、宗教性質的社會活動都有。以現在逐步受重視的樂齡生活而言，這類的活動與資訊只會越來越多。至於獲取管道，無論是網路、坊間書籍、雜誌報導，都有很多專業人士提供了豐富的指引，於此就不再贅述。

在此，只提醒大家一件事。**完美主義者很容易將自我期待再次帶進新的社會參與中，而後對於自己的社會新角色產生諸多不滿**，認為自己連這麼簡單的事情也學不好，實在糟糕透頂。明明是沒有競爭性的社會活動，卻承受了相當大的壓力，徘徊在要繼續還是放棄的邊緣掙扎。如果放棄，總覺得自己連這麼簡單的事情也會失敗，實在不甘心；如果繼續，又不明白爲什麼自己都退休了，還要沒事找罪受？

我就見過以前在職場相當有成就的女性，在退休後，把佛教經典共修班當成考前衝刺班。上課做筆記、帶錄音機，下課還要反覆聽誦打逐字稿，耳裡聽的是佛教經典，卻不斷擔心寫下的共同筆記會被同學挑錯字、被師父指正，持續了兩年之後，最後放棄，因此沮喪了好一陣子。

而完美主義的男性則可能連開始都有困難。退休後，只享受不到半天的寧靜，就感覺自己好像在虛度時光，於是，他們爲了及早開始全新的生活，而寫了一張計畫清單，上面充滿預計要做的事情。然而，兩個禮拜過去了，他們卻什麼也沒做。因爲那些競爭性質的活動大多是年輕人在參加的，他們害怕被嘲笑或擔心自己格格不入，猶豫了許久只好作罷；至於其他休閒一點的項目，他們又覺得不夠有學習性和進步空間，最後因爲遲遲未踏出任何一步，而感到更加挫折。

對於即將退休的完美主義者而言，心態調整是很重要的。年輕的時候，如果理所當然地認為：競爭性不夠高的活動就是在浪費時間，這樣的價值觀就會在未來限制了自己的發展，難以拓展更多興趣，反而無法學習到新事物。

## 學會向他人求助

退休生涯中，總有一些最初無法預料的事情發生。完美主義者的彈性並不佳，在面對意外事件時，容易因為無法變通而導致焦慮陡升，適應能力遽降。輕則不知所措，重則百病叢生。

然而，人間不如意事十常八九，就算再縝密、付出了萬般努力，也很難盡如人意。因此，要學會懂得求救——在問題超過自己能夠負荷的程度時，向外傳達尋求幫助的訊息，讓別人有機會向你伸出援手。

傳遞求救訊號並不代表著失敗，也不需要因爲將事情交給別人便感到罪惡，能夠讓他人知道你需要幫助，其實可以有效減輕你的壓力。

不妨試著在平時就多多練習向他人求助，比方說，和信任的朋友定期聚會，分享彼此的近況，讓他們知道你最近在煩惱些什麼；或者在社群媒體上記錄自己的心情，讓曾經有過類似處境的人可以主動關心你；當然，也不要害怕向比自己年輕的專業人士或後輩尋求建議會造成他們的麻煩，或代表自己能力不足，每個人都有各自擅長和辛苦的領域，而周圍的支持是非常重要的。

**有效求助是一種能力，而放下身段是一種練習**，讓別人能透過幫助你而感覺到自己是一個好人——這並非易事。但可以透過引導語，把眞誠的感謝傳達出來，讓對方覺得，幫忙本身就是一件愉快的事情。

一個有效「表達感謝」的引導語，其中的關鍵在於，眞正看見對方爲自己所做的一切細節，以及這些努力所展現出對方人格的美好。「細節」會強化可信度，而人性終究是自私的，表達自己有多感動，還不如說對方的行爲有多難得。

**如何表達你的感謝？**

舉例來說，你可以這樣向對方說：「我真的很感謝妳，就像那天，妳早上七點就得出門上班，回到家都八九點了，還要應付我慌慌張張的一堆笨問題，而且竟然還能保持和顏悅色，我都不知道妳是怎麼辦到的。除此之外，我還注意到，這一個禮拜來，妳連皺個眉也沒有。我除了感謝，也由衷佩服妳。」

## 參加公益活動

參加公益項目，或許是幫助完美主義者自我解放的一個方式。畢竟，人爲自己忙碌了一輩子，到退休時刻，開始回饋社會，也可以享受爲了他人做出貢獻所帶來的平靜。

雖然眞正的利他是以他人利益爲出發點，考量的是他人，而非對自己的效用；然而，如果不去做這種形而上的爭論，只是針對實際應用來看的話，完美主義者最根本的破解之道，其實在於利他。

無論是自我期待過高、自我評價過低，完美主義的自我調適與行爲決策，都圍繞在一個龐大的自我之上。

透過具體的行動，確實可以引導一個人從樣樣關心自己的表現是好是壞、會不會被看輕，而逐步轉爲關心別人過得好不好。

只要有辦法從自我中走出來，完美主義者的困境，就會大幅減輕。事實上，完美主義者所關切的，大多圍繞在自己身上。年輕時，或許爲了生存需要競爭，很難做到放下，但是隨著年齡增長，野心與衝勁逐漸消退，這或許就是你學著放下、提升視野與格局的開始。

Chapter 5

# 協助親友走過完美主義

每個人的生命經驗、擁有的資源都各自不同，我們無從決定對方會不會因此而陷入低潮，別急著從自己的角度，來否定眼前的人所遭遇的困境。

完美主義的行爲可輕可重。「我有完美主義。」這句話想傳遞的訊息也十分複雜——可能是一種生活態度，一種困擾，一種身心狀態，甚至也可以是一種炫耀行爲（表示他做事認眞）。

因此，面對親友自述「我有完美主義」時，要先辨識出他到底想說些什麼？不要馬上一頭熱地想「幫助」對方，萬一誤解了他的意思，你的「善意」可能會讓對方很難拒絕，而你也相當於暗示對方有什麼毛病，才會向你求救。如果「完美主義」這詞彙對於當事人而言，完全沒有負面的意思，甚至還以自己的完美主義爲榮，那你不但不小心了得罪對方，還會讓自己下不了台。

因此，協助親友走過完美主義的前提，你需要先確認下列兩點：

- 對方在講的「完美主義」跟你所想的是同一件事。
- 對方確實已經受到自身完美主義的困擾。

要做到第一點並不難，訣竅就是傾聽。好好地、完整地傾聽對方使用「完美主義」這詞語的時機。如果對方只是半開玩笑地帶過，不當一回事，那大概不需要你給予什麼建議；若對方反覆提及，而且為此感到痛苦、無奈，或出現各種較為明顯的情緒，那才有值得討論下去的意義。

接下來我們會從日常對話中，建立溝通的通則，主要是應對焦慮與憂鬱兩種情緒，先列舉了建議避免說出口的話，而後提出適當的可行做法。在達成情緒上的同理後，便能與對方共同面對完美主義，並討論對策。

## 〔八句千萬不能講的話〕

通常完美主義表現在外的，可以歸類為焦慮與憂鬱兩者，因此，要幫助對方的第一步，就是適當地應對其中的「焦慮」與「憂鬱」，才有可能進一步同理，進而幫助他們。簡單來說，你必須先接住他們才行。

## 不要用「別緊張」或「放輕鬆」安慰他們

焦慮的本質，是一種人們想控制自己，卻又「難以控制」的感覺。倘若你要親友「放輕鬆」，等於要求對方做一件他做不到的事。對方會因此更強烈感覺到自己瀕臨失控，心裡想著：「糟糕，他叫我放鬆，但我怎麼越來越緊張，怎麼辦？」焦慮感不但無法平息，甚至會越來越嚴重。

## 無法具體被執行的事情不要說出口

「你就是容易想太多，放開心胸，煩惱這些也沒用呀？」「開心點，何必爲了這種事板著一張臉？」「事情就讓它過去，不要去想就好了。」

這類的話語可能是我們時常拿來安慰別人的話，然而，換個角度想想我們從嬰兒時期開始，學過怎麼抬腿走路、如何蹲下、怎麼舉手拿蘋果、如何騎腳踏，就是沒有學過怎麼「開心點」，沒上過任何一堂「不要去想就好了」的課。

你可能以爲用輕鬆的語氣講這些話，對方就會跟著自己一起變得輕鬆；事實上，你等於在命令對方指揮一條根本不存在的「神經迴路」。

對方知道你很努力想幫忙，也不忍心看你失望，在自己心情糟透之餘，還要強撐著笑臉，卻始終沒辦法做到你所期望的「開心點」，不但內心自責不已，甚至加倍懷疑是不是自己很沒用，反而更對眼前的一切事物充滿了無力感。

## 不要用自己的經驗去否定親友的遭遇

「你遇到這些算什麼？我當年更大的打擊都熬過來了……」人們有時候會企圖以自己遭遇過更大的艱難來爲對方打氣，但是如果仔細觀察，通常講到最後，往往都是說話者在回顧自己的豐功偉業，把對方的感受晾在一邊。倘若說話者是長輩，那聽話的那一方還得邊聽邊附和：感謝你提供的寶貴建議。

當你講出「你遇到這些算什麼？」「我當時也碰過……」之前，請先提醒自己，**痛苦是不能比較的**。每個人的生命經驗、所面臨的困境、擁有的資源都各自不同，共同的經驗固然可以作爲借鏡，但我們無從決定對方會不會因此而陷入低潮，所以別急著從自己的角度，來否定眼前的人所遭遇的困境。

## 「正能量」的言行要盡量避免

當對方心情不好時，面對旁人樂觀積極的言語或行爲，不但不會受到正面能量的影響，相反地，還會導致他們自慚形穢，感到與別人格格不入，而變得更加沮喪。

「大家都這麼努力希望我快樂，但我就是快樂不起來。」「你們才是一家人，我不是。如果沒有我，這個家該多麼幸福啊，我應該永遠消失的。」經常在社群上流傳的正能量名言、過於勵志的話語，都可能會讓深陷痛苦的人更加自責。

## 不要故作輕鬆或刻意輕描淡寫

「就這麼簡單的事，你也可以煩惱成這樣！」這樣的話不但沒有同理對方的感受，還可能讓他們聽了以後，心想：「糟糕，連這麼簡單的事我都沒辦法放輕鬆，我眞是個沒用的人。」

當語句當中存在著刻意輕描淡寫或經過美化的詞彙時，很容易被對方反過來延伸，認定自己「連〇〇〇也做不到」，反而會產生與你的原意相去甚遠的結果。

## 不要拿「事實」來安慰對方

「都已經考不好了，再想也沒有用。」這樣的句子雖然陳述的是事實，但是對方其實也知道，正因爲再想也沒有用，所以他才會這麼難受。可能有人會認爲，這樣能幫助對方面對現實，然而，倘若一個人腳摔斷了，其他人把他的拐杖拿走，讓他多跌倒幾次，一再認知到「斷腿」這個現實，並不會讓他恢復得更快。

**對方需要的不是你的提點，而是你的支持**。你想點醒對方的「事實」，他全都知道，但理性知道並不代表感性上就能過得去，對方需要的是能夠幫助他度過低潮情緒的話語。

## 別說「你身在福中不知福」之類的話

不管是因為報告出錯而遭到主管指責、考試粗心寫錯了一題、不小心說錯話而傷到了另一半，都有可能讓完美主義者懊惱不已。

幸福是無法比較的，事實上，是福是禍、開心還是難過，只有當事人自己知道，旁人根本不得而知。「身在福中不知福。」「你要感謝那些傷害你的人。」這種話語不是理性的分析，而是投射說話者內心的不耐煩、缺乏同理心與譴責，而且還進行了道德綁架，把對方逼入死胡同裡。

## 將「應該」轉化為「可以」

「我們都這麼關心你，你應該感到高興」，當「應該」這種義務語句出現時，說話者等同於剝奪了另一方的部分權利，彷彿他沒照你的意思做，就是不應該的、不正確的（相當於在指責對方）。試著把所有的義務語句改爲權利語句，以「可以」來取代「應該」。舉例如下：

「你應該想點好事。」↓「你可以難過，但我們依然關心你。」

「不要再想了。」↓「跟著我到外面走一圈吧！」

除了盡可能使用權利語句的肯定句型之外，記得心情低落的人通常缺乏執行力量，沒有能力做到「不要想」，然而，改以溫和的祈使句時，邀對方跟你去戶外走走的成功機率會相對提高。

## 〔成為完美主義者的後盾〕

上述幾點，是要盡量避免的言行，屬於消極性避免誘發焦慮或憂鬱的部分；然而，身爲完美主義者身邊的親友，你可以更積極地說些什麼或做出某些行動，來直接提供對方協助。方法從最簡單的聆聽、稍有技術性的外化法，到常見的放鬆技巧、轉移注意力等等，以下將會進一步說明。只要自行練習，謹愼使用，小心觀察回饋，再反覆修正，即便不是專業人員，也能在情緒上發揮驚人的支持力量。

### 盡量專注聆聽對方的症狀細節，但無須作評價

「專注聆聽」這個動作會強烈傳達出「你在乎對方」的訊息，讓你能夠走進他的內心世界，表示你不但在乎對方，也關心他所在乎的每一件事

情。這會讓對方感覺到你是跟他站在一起的。當有人願意爲他撥開雲霧，陪著他一起看世界，他的眼前也許就能透進一絲陽光。

而你的「不做評價」，更是一種尊重對方想法的表現。即使你的內心並不完全認同對方，但是至少做到「不要在當下反對」。陷入絕望的人所看出去的世界可能會有所偏頗，你可以試著暫時不做批評（但也無須附和），讓他自己慢慢走出來。不做評價不代表認同，更不是鼓勵，而是包容對方的感受，既沒有否定也沒有反對。

## 可以小心指出對方的緊張，但不要讓人有不耐煩的感覺

完美主義者往往想隱藏自己的焦慮，但這舉動反而會讓他們更緊張。因此，用一種溫和的方式提醒他們是不是很緊張，像是：「你身體看起來很緊繃耶，沒關係，你活動一下肩膀，慢慢說就好。」讓對方不必再武裝自

己，並且適度緩和情緒。也請小心語氣，絕對不能流露出任何一絲厭煩，諸如：「緊張什麼！有什麼好緊張的？」因爲內心焦慮的人，會很敏感地捕捉旁人的不耐煩情緒，你的無心之過很容易讓他們受傷。

## 用第三人稱跟對方談論他的徵狀

這是治療技術中「外化法」的延伸運用。比方說，「你要怎麼降低焦慮？」暗示著「焦慮」的人是你，你在無事生事；但若轉化爲「當焦慮來臨時，你打算如何面對？」則象徵「焦慮」是外力干擾，而對方只是受害者（連「完美主義」這幾個字都沒提到）。因此，盡量使用第三人稱來跟親友討論徵狀，會大幅減低造成傷害的機率。與其說：「你什麼時候開始有這些困擾的？」不如改成：「這些困擾是什麼時候來到你生活當中的？」

## 轉移注意力有助於放鬆

與焦慮者談論他的焦慮通常只會引起更多焦慮，更好的方式是轉移話題，帶到與焦慮相關但不同的議題，例如：「你說睡不著的時候只好看影片打發時間，那麼，這幾個月下來，你看了哪些電影？」議題與症狀主題太遠，對方會不感興趣；而與症狀太相關的，對方則會更焦慮。

請留意，別碰觸那些會引發對方焦慮的來源（特別是完美主義者），像是：個人成就表現、生涯規劃等等。記得主題越具體越好。

## 善用發問，和對方聊起自己滿意的事

利用回溯法，促使對方想起生命中閃亮的經驗，若能讓對方愉快地講起自己做過滿意的事，特別是那些靠努力而來、讓他有成就感的事物，對方的情緒會明顯改善，此刻他的焦慮通常也能跟著趨緩下來（有些興奮的反應會類似於焦慮，但不太一樣）。比方說，「你記得之前上台報告那份提案的時候，底下的同事都覺得很有趣嗎？」「當時沒有人相信趕得上發表會，記得是你一直鼓勵大家，才有那麼圓滿的成果，不是嗎？」試著和對方聊聊他之前做過的那些不錯的事吧。

## 用「腹式呼吸」取代深呼吸

如果你被問到：「那焦慮又找上門來時，該怎麼辦？」，很多人會建議「深呼吸」，在這邊要小心的是，因為多數完美主義者都習慣用胸式呼吸（吸氣是肋間肌上抬），這會誘發神經迴路而導致焦慮更嚴重。可以請親友改以腹式呼吸（吸氣時橫膈膜下降），將有助於減低當下的焦慮。

## 如果你感到不耐煩，暫時不要說話更好

如果你當下的情緒狀態不適合談話（例如：因爲其他事而憤怒至極，或身心已經很疲憊、耐性耗盡了等等），就別勉強自己說話，否則你的情緒可能會從言語中洩漏出來，不經意地傷害到對方，反而使情況更爲糟糕。

你不是救世主，對方沒有你也可以得救。如果你暫時沒有能力，就明白告訴對方，等你有足夠的能量或情緒平穩之後再來聽對方傾訴，或者請對方轉而向其他人求助。

## 善用大腦優先執行指令

除了心理上的支持以外，還可以運用大腦的高位階訊號來拮抗低位階訊號。事有輕重緩急，大腦會優先處理第一優先事件（痛覺），再來是第二優先（大肌肉運動），依此類推，最低的是理性。當優先事件出現時，次

優先事件就會被排擠掉，這是生物演化的結果，想想我們人類的老祖宗遇見獅子時，縱然害怕（情緒），先拔腿狂奔再說（大肌肉運動），這優先執行順序的本能仍舊保存至今，可供我們運用，例如：以痛覺取代憂鬱、以運動代替轉個不停的思緒、用憤怒取代悲觀自責的感受等等。

這也就是爲什麼精神科醫師總是建議個案多運動的原因了——**大肌肉運動可以壓抑低落的情緒**。同樣地，只要能夠讓一個受欺負的人感到生氣，他就很難繼續憂鬱下去，因爲憤怒跟憂鬱是彼此拮抗的。同理，吃一份辣得要命的麻辣鍋或是甜膩的巧克力，也能暫時緩和紛亂的心緒。

如果能緩解完美主義親友的焦慮與憂鬱，跟他們建立起關係，那你能幫助對方的事就多了。因爲這不再是理性的說教，而是情感上的深層交流。

**以大腦訊號快速轉換情緒**

以下是訊號被處理的優先順位（越前面，大腦越優先執行）——痛覺＞大肌肉運動＞小肌肉運動＞知覺（視覺、聽覺、體感覺⋯⋯）＞情緒（憤怒、憂鬱、焦慮⋯⋯）＞認知。記得善用大腦的機制來推你一把。

## 〔跟對方的完美主義對話〕

透過言語盡可能達成同理，接住對方的情緒，這是第一步驟。不再畏懼見到你、主動向你提問、不須僞裝出美好的形象，或直接表露情緒等，都是成功的徵兆。一旦進展到此，就相當於打開了對話的窗口，可以繼續伸出援手，並透過以下幾個原則，陪伴對方從完美主義的焦慮中走出來。

### 不要掉進對方「我該怎麼做」的陷阱中

完美主義者在信任你之後，內心的徬徨就會轉移到你身上。出現頻率最高的問句「我該怎麼做？」便會不斷出現，因爲這就是完美主義者內心不斷期待自己改善的原始動力。在你要做任何同理或改變以前，請先避免自己掉入這樣的焦慮陷阱當中，因爲你一定回答不出這個問題。事實上，如果對方知道答案，也不用來尋求你的幫助了。

當對方提出類似的問題時，你可以溫和地說：「我知道你很著急，但是我得先瞭解你發生了什麼事，如果沒有充分理解就亂出主意，不但沒有幫助，反而會讓情況更加惡化。」之類的話來回答。

你應該有察覺到，完美主義者的內心存在著一些核心的課題，讓他們深感焦慮，若是迫切地想要找到「行動指引」，像是：我該怎麼做才能結束我現在的困境？越是急著想做些什麼，就越會往死胡同裡鑽。

你必須讓他們安心下來，瞭解到「即使什麼也不做，天也不會塌下來」、「不需要這麼著急」、「不要受到周遭的影響而隨之起舞」。

## 盡量讓對方理解完美主義的成因

如同本書先前所提過的，完美主義的成因有千百種，深刻地瞭解問題，對症下藥，才是解決之道。有個敏感的母親，可以向她解釋原委、好好溝通；有個經常情緒勒索的家人，記得分清楚人我的界線；容易缺乏價值感，請試著尋找成功的經驗；若是被社會孤立，就要給自己機會去重建人際關係。

然而，對於絕大多數的人而言，「有條件的愛」、「自我評價過低」或「自我期待過高」等概念相當抽象，要將之與自己的「完美主義」連結在一起是有一定難度的。常見的情況是，他們可能會期待有「心中默念什麼」或是「對鏡子說話」之類的具體操作來幫助自己緩解痛苦，而不是學習更多的基本知識。因此，他們在接觸這些說法之初，最直接的反應就是：「現在我知道了，然後我該怎麼做？」

會有這樣的反應，往往代表心門還沒有打開。**當人們不願意去面對傷痛，自然不明白「過去的傷害」與「現在的問題」之間的關聯性**。雖然他們一時難以做到，卻很喜歡聽（也很愛講）：「人要永遠往前走，不要老是往後看。」這類的話，儘管知道過去的傷痛正束縛了自己，讓他們沒辦法向前邁進，但你可以從他們想離開「過去處境」的迫切感中，看見內心的傷痕究竟有多深刻。

正因爲你已經讓他們隱約知道自己的問題，對方才會感到焦慮與恐懼，所以這一切並非徒勞無功。靜靜等待他們情緒安定下來，盡量跟他們對話，你們的信任感會逐步建立起來，抗拒終將消失。在這之後，才有可能慢慢讓對方知道：過去發生在他們身上的事情，可能就是現在追求完美主義的成因。

## 陪同對方一起度過往日的傷痛

理解之外，你還需要進一步的陪伴，才有可能幫助對方釋放當時傷痛所蘊含的情緒壓力。**人只有在安全感充足的時候，才有辦法面對過往的難**

堪，然而，只要察覺到任何危險，他們就會再度把自己武裝起來。

因此，給予對方安全感，陪他們一起面對過往傷痛是很重要的。你不需說些什麼，只要靜靜聆聽，接收對方卸下來的情緒即可。如果你不知道該怎麼做、沒有時間或精力，或是你沒有自信扮演好這個角色，告訴你一個判斷標準——只要對方見到你還願意開口，樂於跟你宣洩，那就表示你做對了——就算你根本不知道自己能做些什麼。

要知道，你的親友完全明白你不是專業人士，他們相信的是你，而非你的談話技巧。你可以告訴對方：「我很願意陪你走過這一段路，但我不是專業人員，假如我說錯什麼，答應我，一定要立刻讓我知道，不要讓我在乎的你再次受傷了。」

## 協助對方以新的框架重新整理經驗

已經發生的事件固然不能再改變，但眞正帶來影響的，卻是我們對於這些事件的理解。人類會基於需求與情緒而主動去解釋所遭遇的事件，得到屬於我們能接受的經驗。

當一個人深陷於低自我評價與高自我期待時，我們不難想見，他會用同樣的敘事框架去解釋過去的記憶，而解讀出來的訊息，也有可能符合他的情緒狀態，例如：「我什麼都不懂就講那些話，難怪會被大家討厭。」「都是因爲我這麼糟糕，難怪他會不要我了。」「我的人生到現在仍舊一事無成，一定有很多人都在看我的笑話吧。」

儘管事發當下，他未必會這麼想，但在深陷煩惱的時刻回溯過去，所有的事件都會以此時的低潮心態來詮釋，結果更加印證了內心的負面想法是合理的。

我們得提醒對方昔日的成功經驗，用一個中性的立場，重新解釋過往的記憶，簡單來說，是用一個新的框架去解讀記憶中的事件。比方說：

「你說你總是害怕被拒絕，所以都先拒絕別人，但是依然有人樂於和你做朋友，爲什麼？想必你身上一定有吸引人的特質。如果別人眞如你說的那樣都不喜歡你，那爲什麼總是有那麼多人願意跟你往來？」「你說過國小時，大家都很喜歡找你玩，你當時是怎麼辦到的？」

## 讓對方了解即便他不完美，仍是被喜愛與支持的

完美主義者之所以固守完美主義，核心的恐懼在於：**倘若不再完美，是否會因此失去價值**？**會不會被人討厭**、**被遺棄**、**被疏遠或拒絕來往**？

作爲他的親友，你必須讓他知道，你之所以願意幫助他、與他親近，絕對不是因爲他認爲的那些優秀之處，相反地，可能是他從來沒想過、卻始終存在於身上的價值。例如，因爲他是你的朋友、因爲他總是爲人著想、因爲他坦率耿直等等，而這些理由，往往與對方以爲你跟他交往的原因天

差地遠，也從不曾將之視爲優點，像是：「我的缺點就是太善良，太容易被人欺負，我恨不得自己變得自私一點，讓大家都怕我，不敢欺負我。」

此時，你更應該讓對方明白，你在意的並不是他以爲的那些成就，而是更深遠的、具有普世價值的、能經得起時間考驗的事物。即便在他心中，那些根本不算什麼，甚至是導致他脆弱或受傷的主因，但你依然可以從他的自我解嘲中，看見他對自己的失望與憤怒。或許，那些也是他曾有過的信念，然而，種種的不順遂，才讓他放棄了這一切。

記得讓他感受到你的包容。即便對方沒那麼完美或遭受流言蜚語的攻擊，也不影響你的判斷，以及你對他這個人的看法，也就是說，你依然會接納他、喜愛他與支持他。而事實上，除了你以外，其他親戚朋友也一樣，大家並不是因爲他優秀才跟他往來的，人們在意的是他本身。他是被愛、被接納、被喜愛與支持的。其中一個有趣的證據就是，作爲想幫助他的親友，你不也持續欣賞著現下不能證明自己的他嗎？顯然不是因爲他所認定的成就，而是你相信的一些更深遠的價值，不是嗎？

◇

以上這幾個要點，都是在諮商工作中進行的。如果親友願意聽從你的勸告，鼓起勇氣，一同走到諮商的大門（你可能得在會談室外面等），那或許會是更直接的選擇。然而，多數情況下，完美主義者的心比較脆弱，難以承受被另一個陌生人（特別是所謂的「專家」）檢視與洞悉，被拒絕是很常見的。也因此，一雙由親友伸出的援手彌足珍貴。學習並精進自己的能力，有機會還能引導親友接受治療，你的辛苦與努力，會讓許多人活得更幸福。

Epilogue

# 跟不夠完美的自己站在一起

除了善加利用完美主義這個驅動力，來幫助自己不斷向前，也需要降低完美主義帶來的心理壓力，才能繼續維持生活的平衡。

完美主義只是一種現象。不同人格特質的人，在面對不同的情境考驗時，會因此而出現一系列彼此有關連的「完美主義行爲」，諸如：僵化思考、過度努力、無法放鬆、不斷逃避問題、討好別人、猶豫不決、急切轉換跑道、批評他人做法等等。

有些完美主義行爲是大家所熟悉的，例如：事事要求最高標準、未達目標無法放鬆等，這些行爲很容易被辨認爲「典型的完美主義」。然而，有另外一群以不斷逃避問題、討好別人、遇到難題就轉彎、自己做不出來又愛大放厥詞、一再拖延的人，其實也是「潛在的完美主義」。

其中，完美主義者所表現出來的行爲非常多樣化，主要受到人格特質、資質、成就、人脈、社會適應度等影響，各自的際遇也都不一樣，唯一共通點是，他們都有過高的「自我期待」，以及過低的「自我評價」，也因此，他們眼中所評價的自己，永遠不符合內心的期待，只好不斷努力——

或者，反其道而行，把頭埋在沙子裡，逃避問題，當作什麼也看不見。明明焦慮得要命，卻完全沒有動力做點什麼。

過高自我期待與過低自我評價之間的落差，誘發了巨大焦慮，基於每個人應對焦慮的調適策略不同，行爲表現也南轅北轍。典型完美主義過度重視細節，甚至容易迷失在其中，執著於自己的堅持，用盡全力，經常在不知不覺中犧牲了健康、生活品質或人際關係。

然而，有些非典型完美主義者卻大量採取逃避的方式，輕易承攬事務，不斷拖延，然後毀約後又跳槽，爲自己的不負責任找一堆理由。完美主義的本質是不變的，呈現在外的行爲卻難以一概而論。因此，緊緊抓住「過高自我期待—過低自我評價—焦慮」這個原則，是鑑別完美主義最有效的做法。

面對這一切，解決之道絕對不在於任何心理治療方法，例如：冥想、正念，以求「消滅或改正」完美主義；相反地，正確的解法在於善加利用完美主義這個驅動力，來幫助自己不斷向前，以成就未來的你。然而，我們需要降低完美主義帶來的心理壓力，才能在有限的負擔下，繼續維持生活的平衡。

要做到這一點，**我們不得不勇敢面對自己生命中的不美好**。面對它、放下它、包容它、釋放它。跟過去每一個時刻的自己站在一起，承認所有缺陷都是自己的一部分，包含各種情緒，像是：憤怒、貪婪、恐懼、軟弱等等，這些全都來自於人性，一點也不可恥。你的心才能安住在「當下」，而不會因爲對現在或未來的無限期待而永遠感到不足。

正如第三章、第四章所提及的，喚醒你生命中的力量，找到你的貴人與人生閃亮點，豐厚你的生命，並且加強與社會的連結，增添生活樂趣，讓你的每一分每一秒都活得更值得，你的自我評價自然會提升。

安頓好心中的缺憾、修補每一道傷痕、瞭解到此時此刻的自己已經足夠好了，無須冀望一個遙遠未來裡高不可攀的夢想。這才是馴化你身上完美主義力量的關鍵。願我們的旅途能少一點掙扎與折磨，共同邁向更輕鬆自在的人生。

# 鬆綁你的完美主義

## 打破自我評價過低與焦慮的迴圈，偶爾也允許自己優雅地落敗

作　　者　陳俊欽
責任編輯　李雅蓁 Maki Lee
責任行銷　朱韻淑 Vina Ju
封面裝幀　莊謹銘 Chin-Ming Chuang
版面構成　譚思敏 Emma Tan
校　　對　葉怡慧 Carol Yeh

發 行 人　林隆奮 Frank Lin
社　　長　蘇國林 Green Su

總 編 輯　葉怡慧 Carol Yeh
主　　編　鄭世佳 Josephine Cheng
行銷主任　朱韻淑 Vina Ju
業務處長　吳宗庭 Tim Wu
業務主任　蘇倍生 Benson Su
業務專員　鍾依娟 Irina Chung
業務秘書　陳曉琪 Angel Chen
　　　　　莊皓雯 Gia Chuang

發行公司　悅知文化　精誠資訊股份有限公司
地　　址　105台北市松山區復興北路99號12樓
專　　線　(02) 2719-8811
傳　　眞　(02) 2719-7980
網　　址　http://www.delightpress.com.tw
客服信箱　cs@delightpress.com.tw
I S B N　978-626-7288-31-3
建議售價　新台幣390元
首版一刷　2023年05月
　　二刷　2023年07月



國家圖書館出版品預行編目資料

鬆綁你的完美主義：打破自我評價過低與焦慮的迴圈，偶爾也允許自己優雅地落敗／陳俊欽著. -- 初版. -- 臺北市：悅知文化 精誠資訊股份有限公司, 2023.05
288面；14.8×21公分
ISBN 978-626-7288-31-3（平裝）
1.CST: 完美主義 2.CST: 自我實現 3.CST: 生活指導
177.2　　112005079

建議分類｜心理勵志

悅知文化
Delight Press

# 線上讀者問卷 TAKE OUR ONLINE READER SURVEY

別因為他人活出了你想要成為的樣子，就覺得自己一無是處，你該擁有的一切早就存在於你的生命。

——————《鬆綁你的完美主義》

請拿出手機掃描以下QRcode或輸入以下網址，即可連結讀者問卷。
關於這本書的任何閱讀心得或建議，歡迎與我們分享 ◡̈

http://bit.ly/39JntxZ